실용 C++

실용 C++

초판1쇄 인쇄 2020년 6월 18일
초판1쇄 발행 2020년 6월 25일

지 은 이 장덕성
펴 낸 이 신일희
펴 낸 곳 계명대학교출판부
출판등록 제347-1998-1호(1970. 9. 1)
주 소 대구광역시 달서구 달구벌대로 1095
대표전화 053-580-6233
팩 스 053-580-6235
홈페이지 www.kmupress.com

ISBN 979-11-6516-043-2 93000 정가 21,000원

이 도서의 국립중앙도서관 출판예정도서목록(CIP)은 서지정보유통지원시스템 홈페이지(http://seoji.nl.go.kr)와 국가자료종합목록 구축시스템(http://kolis-net.nl.go.kr)에서 이용하실 수 있습니다. (CIP제어번호 : CIP2020023885)

실용 C++

장덕성

계명대학교출판부

서문

C++은 객체지향언어로써 매우 중요한 위치를 차지한다. 이유는 C언어의 단점을 극복하기 위해 탄생했으며 새로운 방식의 프로그래밍 접근 방법을 제시했기 때문이다. 프로그래밍이 변혁을 겪을 때마다 새로운 접근 방식이 나타나 프로그래머가 그 전 단계보다 훨씬 더 복잡해진 프로그램을 처리할 수 있도록 도왔다. 예전의 구조적인 프로그래밍은 복잡한 프로그램 작성 시 프로그램의 규모가 일정 한계를 넘으면 관리가 힘든다는 것을 대부분의 프로그래머들은 알고 있는 사실이다. 이는 프로그래머의 숙련도와 관계없이 구조적인 프로그래밍이 갖는 한계 때문이었다.

규모가 크고 더 복잡한 프로그램을 만들어 낼 수 있는 새로운 프로그래밍 방식이 필요했기 때문에 객체지향 프로그래밍 탄생했으며, 종전의 구조적인 프로그래밍에서 사용되는 개념들을 최대한 반영하여 C++가 만들어졌다.

필자는 C언어에서부터 C++언어의 발전 과정을 지켜봐왔고, C언어가 컴퓨터과학에 미친 엄청난 영향력을 알았기 때문에 C++도 그 이상의 영향을 미치리라 생각하여 C++의 탄생 초기부터 구문과 컴파일러에 대한 연구를 수행해 왔었다. 본 저서는 그러한 연구를 집대성한 것이다. C언어와 C++언어의 차이점을 비교하였을 뿐아니라, C++언어의 특징과 개념을 이해하기 위한 많은 예제를 제시하고자 노력하였다.

새로운 언어들은 계속해서 탄생할 것이다. 그러나 그 기본은 C와 C++ 안에 모두 들어있다. 프로그래밍언어가 가져야하는 기본 개념과 틀은 C++가 다가지고 있다고 봐야 한다. 그래서 C++를 알면 어떤 새로운 언어가 나온다 할 지라도 그 언어들을 공부하는데 어려움이 없을 것으로 생각한다. 본서로 프로그래밍언어를 공부하는 많은 후학들에게 학문의 진전과 성과가 있기를 기원한다.

2020년 6월

저자: 장 덕 성

dsjang@kmu.ac.kr

목차

제1장

Visual C++ 시작하기

제1장

Visual C++ 시작하기

1.1 Visual Studio

Visual Studio는 1997년 2월 첫 출시된 통합 개발 환경이다. 프로페셔널, 엔터프라이즈 에디션이 존재했으며 Visual Basic 5.0, Visual C++ 5.0, Visual J++ 1.1, Visual FoxPro 5.0이 있었다. 그후 2002년 2월 Visual Studio .Net을 발표하였다. Java Bytecode처럼 .Net 프레임워크로 관리되는 코드는 기계어로 컴파일되지 않고 다. IL(intermediate language)이라는 중간 언어로 컴파일된 다음 실행 시간에 플랫폼에 맞게 다시 컴파일되도록 하였다. 이때 C#라는 새로운 언어를 소개하였으며, Visual J++의 후속작 Visual J#을 소개하였다. Visual J#은 Java 문법을 사용하지만 .Net 프레임워크 용으로 컴파일된다. Visual Basic은 Visual Basic .Net으로 바뀌었다. C++도 .Net 환경에 맞게 개선되었다. 2019년 12월 현재 Visual Studio 2019가 발표되었다.

Visual Studio .Net 환경은 FoxPro를 제외한 모든 언어를 통합한다.

인터페이스가 더 단정해졌으며, 사용자 정의할 수 있는 부분도 많아졌다. 우리는 Visual Studio 2018 환경으로 실습할 것이다.

1.1.1 첫 번째 프로그램

```
#include <iostream>

int main()
{
        std::cout << "Hello";
        return 0;
}
```

#include 〈iostream〉 에서 #은 전처리기(preprocessor)에 의해 처리된다. 데이터를 모니터에 출력하거나 키보느로부터 입력을 받기 위해서는 반드시 포함되어야 한다. iostream 파일에 대해서는 나중에 자세히 살펴보기로 하자. main 뒤의 ()는 함수라는 C++ 프로그램은 main 함수를 포함해서 최소 하나 이상의 함수로 이루어진다. 항상 main 함수부터 시작된다. main 함수 앞에 있는 int는 정수를 return 한다는 뜻이다. 이것을 return type이라고 한다. 중괄호는 함수의 시작과 끝을 알려주며 와 사이에 함수의 body를 기술한나.

std::cout 〈〈 "Hello"; 이 문자열을 출력하는 명령문이다. std::cout는 std라는 namespace 안에 속해 있는 cout을 사용한다는 의미이다. namespace는 C++의 중요한 기능이므로 나중에 자세히 설명할 것이다. 일단은 cout나 cin, cerr 앞에 std::라고 적는다는 것만 알고 있자. 매번 std 네임스페이스를 사용하는 것이 귀찮기 때문에 using 문을 사용해서 std::를 생략할 수 있다. cout의 마지막은 세미콜론으로 끝난다. 모든 문장은 세미콜론으로 반드시 끝나야 한다. <<는 스트림 삽입 연산자(stream insertion operator)라고 한다. 이 연산자의 오른쪽에 있는 피연산자(operand)를 출력 스트림으로 전달되고 이것이 모니터에 출력된다. 하지만 문자는 화면에 출력되지 않는다. 백슬래시(\)는 이스케이프 문자라고 해서 특수하게 출력되는 문자이다. 이스케이프 문자열 은 개행을 의미한다. 그림 1.1에 일반적인 이스케이프 문자열을 나타내었다.

return 0; 은 프로그램이 정상적으로 종료되었다는 것을 운영체제에게 알려준다.

이스케이프 문자	설명
\n	개행 문자. 커서의 위치를 다음 줄의 첫머리로 옮긴다.
\t	탭. 커서의 위치를 한 탭만큼 옮긴다.
\r	캐리지 리턴. 커서의 위치를 현재 줄의 첫머리로 옮긴다.
\a	경고. 컴퓨터 스피커로 '삑' 소리를 출력한다.
\\	백슬래시. 백슬래시 문자를 출력할 때 사용한다.
\"	큰따옴표. 큰따옴표를 출력할 때 사용한다.

그림 1.1 이스케이프 문자

```
std::cout << "Hello ";
std::cout << "Welcome to Korea!";
```

하면 "Hello " 다음에는 개행하지 않고 "Welcome to Korea!"를 바로 붙여서 출력한다. 그 다음 출력할 것이 있으면 에 의해 다음 줄에 출력된다. 만약에 다음과 같이 코딩하면

```
#include <iostream>

```

```
int main()
{
    std::cout << "Hello Korea!";
    return 0;
}
```

```
Hello
Welcome

to Korea!
```

과 같이 빈 줄이 하나 생기게 된다.

1.1.2 Visual Studio 시작하기

Visual Studio는 https://www.visualstudio.com/ko/downloads/ 에서 다운로드할 수 있다. 설치 후 시작하면 그림 1.2와 같은 화면이 나타난다.

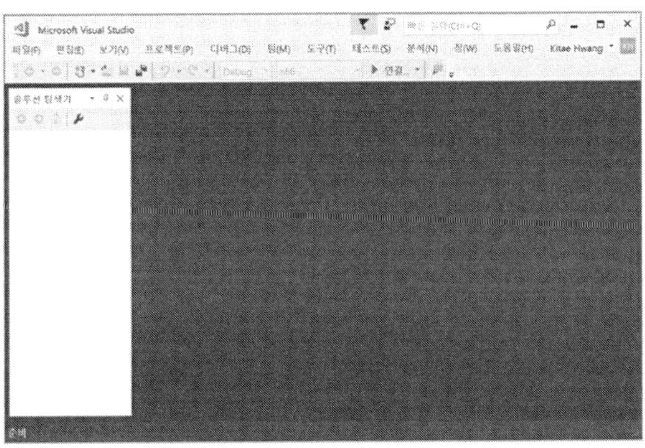

그림 1.2 Visual Studio 시작 화면

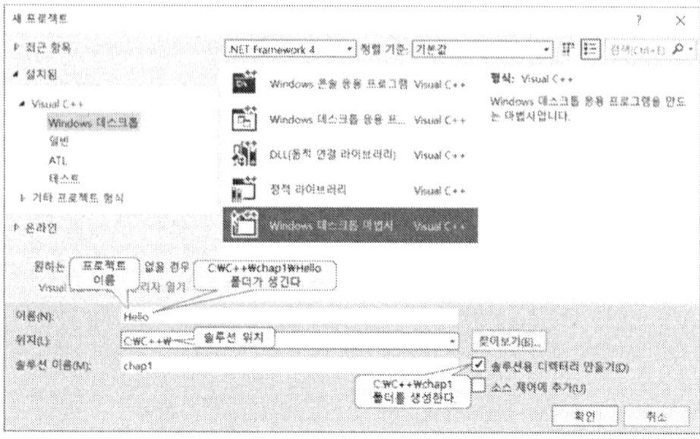

그림 1.3 새 프로젝트 입력 창

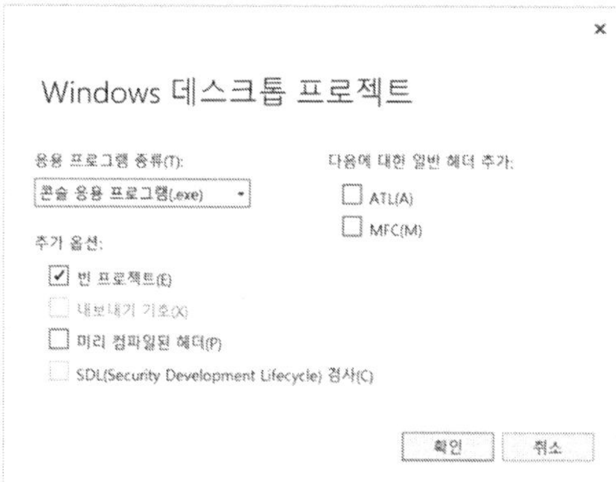

그림 1.4 Windows 데스크톱 프로젝트 창

솔루션(solution)이란 여러 프로젝트(project)를 담는 컨테이너이다. 그림 1.2의 왼쪽 편의 '솔루션 탐색기'창에서 한 프로젝트를 선택하고 해당 프로젝트에 포함된 파일을 볼 수 있다. 새로운 솔루션과 프로젝트를 생성하려면 '파일/새로 만들기/프로젝트'메뉴를 선택하여 그림 1.3과 같은 창을 연다. 왼쪽의 템플릿 창에서 'Windows 데스크톱'을 선택하고 오른 쪽 창의 'Windows 데스크톱 마법사'를 차례로 선택한다. 그리

고 아래의 이름 칸에 프로젝트 이름 'hello'를 위치 칸에 솔루션을 담을 폴더를, 솔루션 이름 칸에 'chap1'을 각각 입력하고 확인 버튼을 누르면 그림 1.4와 같은 화면이 나타나고 여기서 '빈 프로젝트'를 체크하고 '미리 컴파일된 헤더'와 'SDL'의 체크를 해제한 후 확인을 누르면 프로젝트 생성이 완료된다.

프로젝트가 생성되면 그림 1.5와 같은 창이 나타난다. 여기에서 C++ 코드를 작성할 수 있다.

솔루션 탐색기 창에서 '소스 파일'위에 마우스 오른쪽 버튼을 누르면 팝업 메뉴가 보인다. 여기서 '추가/새 항목'메뉴를 선택한다. 그러면 그림 1.6처럼 새 항목 추가를 위한 창이 열리고, 왼쪽 창에서 'Visual C++'을 선택하고 오른쪽 창에서 'C++ 파일(.cpp)'를 선택한다. 그리고 아래 부분 이름 칸에 'hello.cpp'를 입력하면 그림 1.7처럼 코드를 추가할 수 있는 창이 열린다.

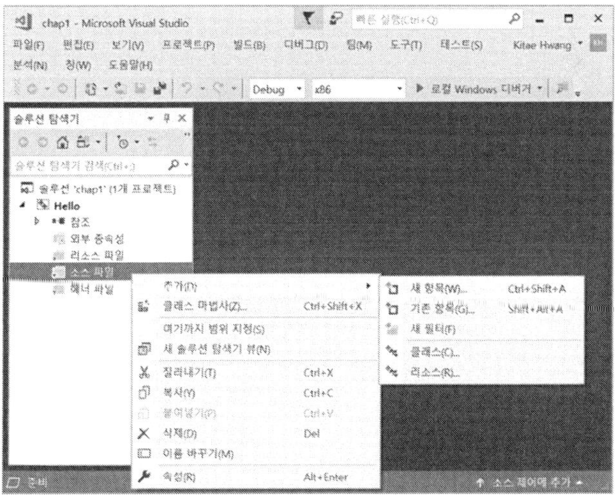

그림 1.5 Hell 프로젝트에 새 항목 추가하기

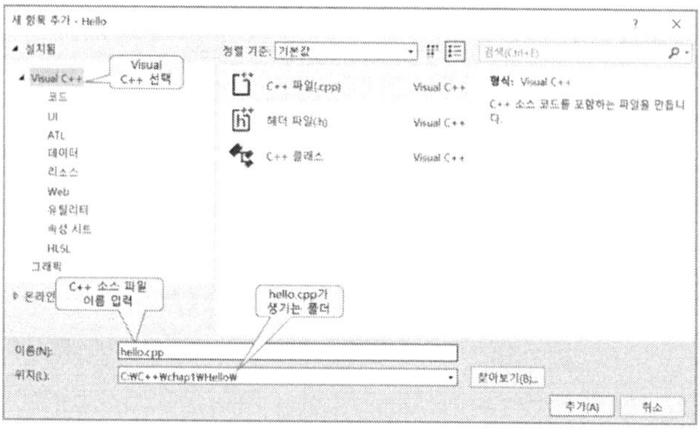

그림 1.6 새 항목 추가 창

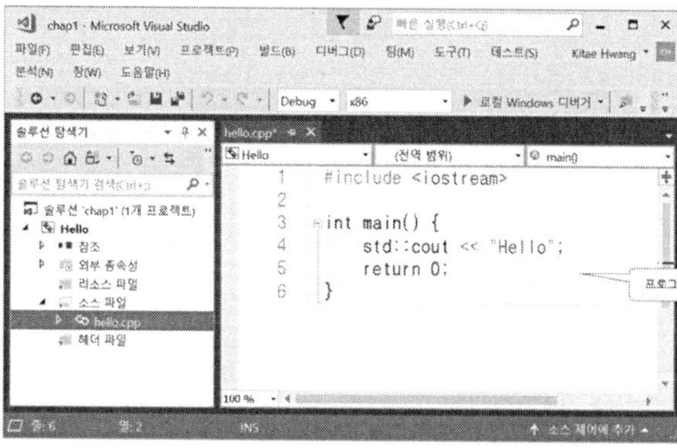

그림 1.7 hello.cpp 코드 추가

코드 입력이 끝나면 컴파일이나 빌드를 한다. 그림 1.8과 같이 hello.cpp 위에서 마우스 오른쪽 버튼을 눌러 팝업 메뉴를 통해 '컴파일'을 선택하면 hello.obj가 만들어진다. 이것으로는 실행할 수가 없다. 컴파일을 선택하는 경우는 번역할 때 신택스(syntax) 오류가 있는 지 발견하기 위함이다.

만약 hello.exe를 생성하여 실행해 보려면 그림 1.9와 같이 Hello 프로젝트 위에서 마우스 오른쪽 버튼을 눌러 팝업 메뉴를 통해 '빌드'를 선택하여야 한다. 빌드'를 선택하면 컴파일과 링킹을 거쳐 hello.exe가 만들어진다.

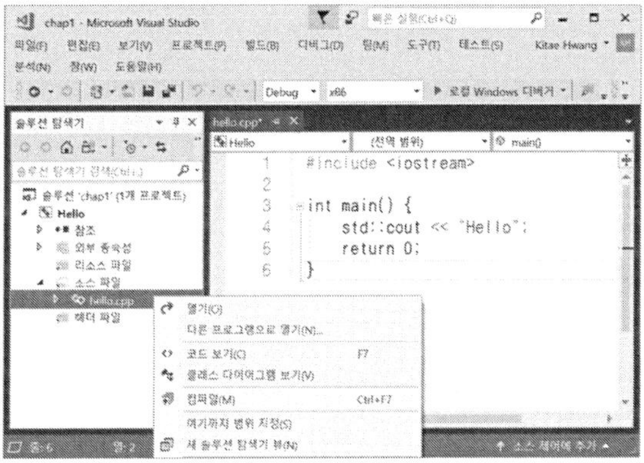

그림 1.8 hello.cpp를 컴파일

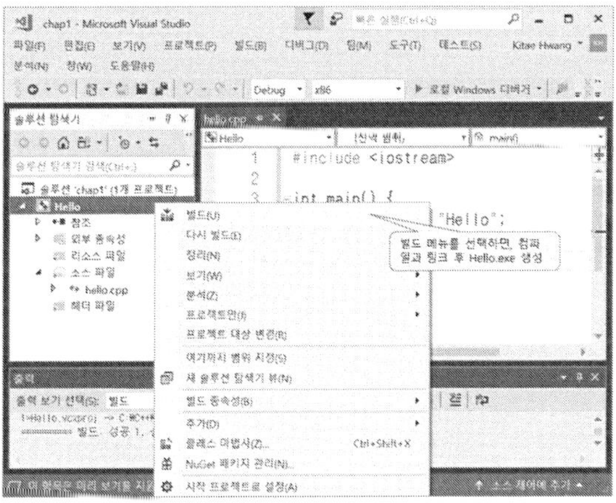

그림 1.9 hello.cpp를 빌드

프로그램을 실행하기 위해서는 메인 메뉴에서 '디버거/디버깅하지 않고 시작'을 선택하든지 Ctrl+F5 키를 누르면 된다. 그냥 F5만 누르면 디버거 모드에서 실행되어 실행결과를 보여준 후 바로 DOS 윈도우를 닫

아버리므로 출력 결과를 볼 수 없다. 소스가 수정되고 빌드하지 않은 상태에서 실행을 요청하면 그림 1.10과 같이 빌드를 묻는 창이 한번 더 나타나고 '예'를 선택하면 실행된다. 실행화면은 그림 1.11과 같다.

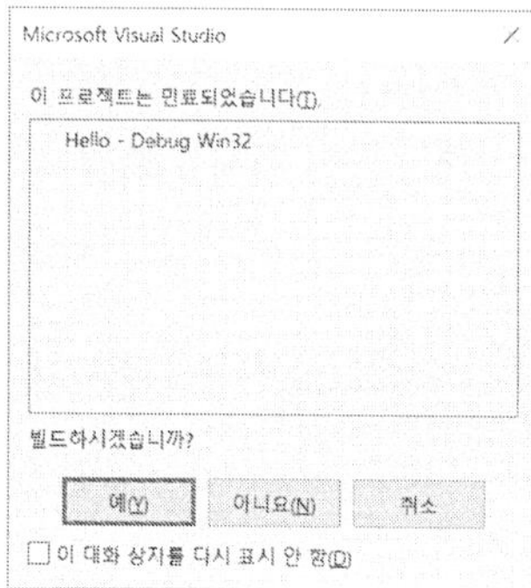

그림 1.10 빌드를 묻는 창

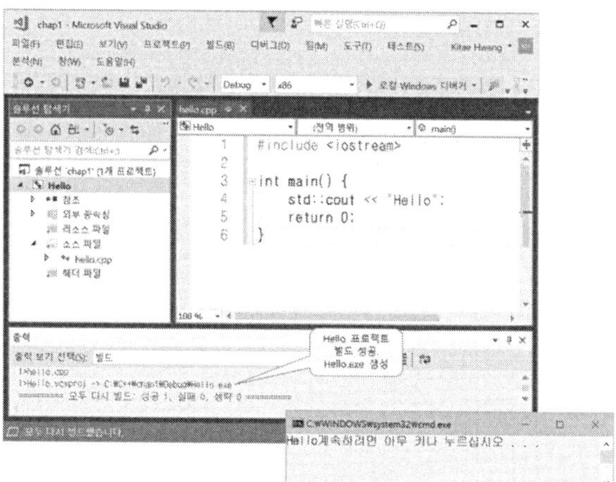

그림 1.11 실행 결과

제2장

C++ 기초

제2장

C++ 기초

2.1 간단한 입출력문

```
#include <stdio.h>


int g=20; /* 전역 변수 */

int add(int x, int y) { /* 전역 함수 */
   return x + y;
}

int main() {
   int a, b, sum; /* 지역 변수 */
   scanf("%d", &a, &b); /* 입력 */
   sum = a + b;
   printf("%d", sum); /* 출력 */
   return 0;
}
```

그림 2.1 C 방식

```
#include <iostream>
using namespace std;

int g=20; /* 전역 변수 */

int add(int x, int y) { // 전역 함수
   return x + y;
}

int main() {
   int a, b, sum; // 지역 변수
   cin >> a >> b; // 입력
   sum = a + b;
   cout << sum; // 출력
   return 0;
}
```

그림 2.2 C++ 방식

C와 C++을 비교해 보면 #include에서 〈stdio.h〉 대신 〈iostream〉을 사용한다. (C++에서는 2003년부터 헤더 파일에 .h 사용하지 않는다. 과

거에는 〈iostream.h〉 라고 했다.) 이것은 표준 입출력 방법으로 C의 표준입출력 함수인 scanf/printf 대신 cin/cout 객체를 사용하겠다는 뜻이다. 즉 〈iostream〉 헤더에 cin/cout 객체가 존재한다. C를 사용할 때는 scanf/printf에서 다음과 같은 서식이 필요하다. 그러나 cin/cout을 사용할 때는 이러한 서식이 필요없다.

변수	사용 예	의미
int i;	"%d", i	int 형 정수값 10진수 출력
	"%o", i	int 형 정수값 8진수 출력
	"%x", i	int 형 정수값 16진수 출력
char c;	"%c", c	char 형 문자 출력
char s[10];	"%s", s	문자열 출력
double d;	"%f", d	double 형 실수값 출력
int i;	"%p", &i	변수의 주소값 출력, 정수값을 32bit 16진수 형태로 출력
	"%%"	% 한 개 출력
int i;	"%d\n\t", i	값 출력 후 다음 줄로 이동(\n), 탭 출력(\t)
	"%+5d", i	5개 필드 영역에 오른쪽 정렬로 i 값 출력
double d;	"%-10.3f", d	10개 필드 영역에 왼쪽 정렬로 d 값 출력, 소수점 이하 세 번째 자리(3)까지 출력

그림 2.3 C 방식에서 사용하는 입출력 양식

그 외 간단한 변화로 주석문이 C에서는 /* */로 사용되었는데, C++에서는 한 줄짜리 주석(//)이 추가되었다. C++ 데이터 타입에는 bool이 추가되어 bool 타입의 상수 true, false 사용이 가능하다.

2.1.1 namespace

여러 다른 범위(scope)에서 정의된 식별자(identifier)들 중에 이름이 같은 것들이 있을 수 있다. 이러한 이름 충돌은 현상은 전역 식별자들(함수 따위)과 동일한 이름을 우연히 사용하게 되는 경우, 혹은 다른 사람들이 작성한 소스 코드나 목적 파일을 가져와서 사용하는 경우에 발생한다. 이런 일이 생기면 일반적으로 컴파일러 오류가 발생된다.

C++은 이 문제를 namespace로 해결한다. 각 namespace는 식별자와 변수들이 포함된 범위를 정의한다. 다음과 같이 범위 해결 연산자(scope resolution operator ::)를 사용해서 한 namespace 에 포함된 멤버의 이름을 나타낸다.

```
namespace_name::member
```

혹은 using을 사용하여 다음과 같이 사용한다. using문은 보통 namespace의 멤버들이 사용되는 파일의 선두에 둔다. 이렇게 하면 멤버들이 사용될 때마다 일일이 namespace_name:: 를 적지 않아도 된다.

```
using namespace namespace_name;
```

그림 2.4는 namespace의 사용 예이다.

```
// namespace의 사용 예

#include <iostream>
using namespace std;

int myInt = 98;        // 전역 변수

namespace Example {
  const double PI = 3.14159;
```

```
    const double E = 2.71828;
    int myInt = 8;
    void printValues();

    namespace Inner {   // 내포된 namespace
      enum Years { FISCAL1 = 1990, FISCAL2, FISCAL3 ;
    }
}

namespace {            // 무명 namespace
    double d = 88.22;
}

int main()
{
    // 무명 namespace의 d를 출력
    cout << "d = " << d << endl;

    // 전역변수 출력
    cout << "(global) myInt = " << myInt << endl;

    // Example namespace의 변수들을 출력
    cout << "PI = " << Example::PI << endl << "E = "
        << Example::E << endl << "myInt = "
        << Example::myInt << endl << "FISCAL3 = "
        << Example::Inner::FISCAL3 << endl << endl;

    Example::printValues();  // printValues 함수 호출

    return 0;
}

void Example::printValues()
{
```

```
44  cout << "In printValues:" << endl << "myInt = "
45      << myInt << endl << "PI = " << PI << endl << "E = "
46      << E << endl << "d = " << d << endl << "(global) myInt = "
47      << ::myInt << endl << "FISCAL3 = "
48      << Inner::FISCAL3 << endl;
49  }
```

```
d = 88.22
(global) myInt = 98
PI = 3.14159
E = 2.71828
myInt = 8
FISCAL3 = 1992

In printValues:
myInt = 8
PI = 3.14159
E = 2.71828
d = 88.22
(global) myInt = 98
FISCAL3 = 1992
```

그림 2.4 namespace의 사용 예

2.1.2 namespace std

그림 2.4의 라인 4 using namespace std;

는 컴파일러에게 namespace std가 사용되고 있음을 알리고 있다. namespace std를 사용할 때는 #include <iostream>이 필요하다. 왜냐하면 <iostream>에 있는 cin, cout, endl은 모두 std::와 함께 사용되기 때문이다.

using namespace문은 namespace의 멤버들(즉, cin, cout, endl 등)이 프로그램 전반에 걸쳐 여러 번 사용됨을 나타낸다. std::cout 〈〈 "d = " 〈〈 d; 대신에 단순히 다음과 같이 쓸 수 있게 해준다.

```
cout << "d = " << d << endl;
```

만약 using std::cout; 이라고 하면

```
cout << "d = " << d << std::endl;
```

로 해야 한다.

2.2 문자와 문자열

C++의 문자열 표현 방식은 크게 2가지이다. 첫째는 C-스트링 방식이며, 둘째는 string 클래스를 이용하는 방식이다. C-스트링 방식이란‘₩0’로 끝나는 문자 배열을 이용하는 방식이며, string 클래스 이용하는 방식이란 〈string〉 헤더 파일에 선언된 다양한 멤버 함수들을 이용하는 방식이다.

2.2.1 C-스트링 방식

C++에서는 C와의 호환성 때문에 C-스트링 방식을 그대로 사용한다. 만약에 다음과 같이 사용하면 name1은 문자열이고, name2는 단순 문자 배열일 뿐이다.

```
char name1[6] = {'G', 'r', 'a', 'c', 'e', '₩0'}; // name1은 문자열 "Grace"
char name2[5] = {'G', 'r', 'a', 'c', 'e'}; // name2는 문자열이 아니고 단순 문자 배열
```

여기서 사용할 수 있는 함수는 strcmp(), strlen(), strcpy() 등이다. 먼저 〈cstring〉이나 〈string.h〉 헤더 파일을 include하고 사용하여야 한다. 〈cstring〉이 C++ 표준 방식이기 때문에 〈cstring〉 헤더 파일을 사용하는 것이 바람직하다. 그림 2.1은 문자열 처리 함수를 보여주고 있다.

함수 프로토타입	함수 설명
char *strcpy(char *s1, const char *s2);	스트링 s2를 스트링 s1으로 복사한다. s1의 첫 문자의 주소를 반환한다.
char *strncpy(char *s1, const char *s2, size_t n);	스트링 s2의 n개의 문자를 s1으로 복사한다.
char *strcat(char *s1, const char *s2);	스트링 s1뒤에 스트링 s2를 연결한다. s1의 마지막 널 문자는 s2의 첫 문자로 교체된다. 스트링 s1의 첫 문자의 주소가 반환된다.
char *strncat(char *s1, const char *s2, size_t n);	스트링 s1뒤에 스트링 s2를 크기 n만큼 붙인다. 물론 s1의 마지막 널 문자는 s2의 첫 문자로 교체되고 스트링 s1의 첫 문자의 주소가 반환된다.
int strcmp(const char *s1, const char *s2);	스트링 s1과 스트링 s2를 비교하여 s1이 s2보다 크면 1을, 같으면 0, 작으면 -1을 반환한다.
int strncmp(const char *s1, const char *s2, size_t n);	스트링 s1과 스트링 s2를 크기 n만큼 비교하여 s1이 s2보다 크면 1을, 같으면 0, 작으면 -1을 반환한다.
char *strtok(char *s1, const char *s2);	일련의 strtok 호출은 스트링 s1을 스트링 s2가 가지고 있는 문자로 나눈다. 첫번째 호출은 s1을 첫번째 인수로 사용하며 두번째 호출부터는 널(NULL)을 첫

번째 인수로 사용한다. 매 호출마다 현재 토큰의 주소를 반환한다. 더 이상 토큰이 없으면 널(NULL)을 반환한다.

size_t strlen(const char *s);

스트링 s의 길이를 구한다. 널 문자 앞에 있는 문자의 갯수를 반환한다.

그림 2.1 문자열 처리 함수

그림 2.2는 strcpy(16번 줄)를 이용해서 배열 x에 있는 전체 문자열을 배열 y로 복사하고, strncpy(18번 줄)를 이용해서 배열 x의 처음 14 문자를 배열 z로 복사하는 것이다. 19번 줄은 배열 z의 마지막에 널 문자를 추가하는데, 왜냐하면 strncpy 호출에서 널 문자가 추가되지 않기 때문이다(세 번째 인수는 두 번째 인수의 크기 + 1보다 작다).

```
1  // strcpy와 strncpy의 사용
2
3  #includo <iostream>
4
5  using std::cout;
6  using std::endl;
7
8  #include <cstring>
9
10 int main()
11 {
12    char x[] = "Happy Birthday to You";
13    char y[ 25 ], z[ 15 ];
14
15    cout << "The string in array x is: " << x"
16         << "₩nThe string in array y is: " << strcpy( y, x )
17         << '₩n';
18    strncpy( z, x, 14 );   // does not copy null character
19    z[ 14 ] = '₩0';
```

```
    cout << "The string in array z is: " << z << endl;

    return 0;
}
```

```
The string in array x is: Happy Birthday to You
The string in array y is: Happy Birthday to You
The string in array z is: Happy Birthday
```

그림 2.2 strcpy와 strncpy의 사용

strcat 함수는 두 번째 인수(문자열)를 첫 번째 인수(문자열을 포함하는 문자 배열) 뒤에 연결하는 것이다. 첫 번째 인수의 종료 널 문자는 두 번째 인수의 첫 번째 문자로 교체된다. strncat 함수는 첫 번째 문자열 뒤에 두 번째 문자열을 지정된 문자 개수만큼만 붙인다. 그림 2.3은 strcat(17과 19번 줄)과 strncat 함수(18번 줄)의 예를 보여 준다.

```
1 // strcat과 strncat의 사용
2
3 #include <iostream>
4
5 using std::cout;
6 using std::endl;
7
8 #include <cstring>
9
10 int main()
11 {
12     char s1[ 20 ] = "Happy ";
13     char s2[] = "New Year ";
14     char s3[ 40 ] = " ";
15
```

```
    cout << "s1 = " << s1 << "₩ns2 = " << s2;
    cout << "₩nstrcat(s1, s2) = " << strcat( s1, s2 );
    cout << "₩nstrncat(s3, s1, 6) = " << strncat( s3, s1, 6 );
    cout << "₩nstrcat(s3, s1) = " << strcat( s3, s1 )<< endl;

    return 0;
}
```

```
s1 = Happy
s2 = New Year
strcat(s1, s2)= Happy New Year
strncat(s3, s1, 6)= Happy
strcat(s3, s1)= Happy Happy New Year
```

그림 2.3 strcat과 strncat의 사용

그림 2.4는 strcmp 함수와 strncmp 함수를 이용하여 세 문자열을 비교한 것이다. strcmp 함수는 첫 번째 인수와 두 번째 인수를 문자 단위로 비교한다. 이 함수는 첫 번째 문자열이 두 번째 문자열보다 크면 1을, 같으면 0을, 다르면 -1을 출력한다. strncmp 함수는 두 문자열을 비교하는 데 지정한 크기만큼 비교하는 것만을 제외하면 strcmp 함수와 동일하다. strncmp 함수는 두 인수 중 어느 하나라도 널 문자를 만나면 비교를 중단한다. 예제 프로그램은 함수 호출 시마다 반환되는 정수 값을 출력한다.

```
// strcmp와 strncmp의 사용

#include <iostream>

using std::cout;
using std::endl;
```

```
#include <iomanip>

using std::setw;

#include <cstring>

int main()
{
    char *s1 = "Happy New Year";
    char *s2 = "Happy New Year";
    char *s3 = "Happy Holidays";

    cout << "s1 + " << s1 << "₩ns2 = " << s2;
         << "₩ns3 = " << s3 << "₩n₩nstrcmp(s1, s2) = "
         << setw( 2 )<< strcmp( s1, s2 )
         << "₩nstrcmp(s1, s3 ) = " << setw(2)
         << strcmp( s1, s3 ) << "₩nstrcmp(s3, s1) = "
         << setw( 2 )<< strcmp( s3, s1 );

    cout << "₩n₩nstrncmp(s1, s3, 6) = " << setw( 2 )
         << strncmp(s1, s3, 6) << "₩nstrncmp(s1, s3, 7 ) = "
         << setw( 2 )<< strncmp(s1, s3, 7 )
         << "₩nstrncmp(s3, s1, 7 ) = "
         << setw( 2 )<< (s3, s1, 7 ) << endl;
    return 0;
}
```

```
s1 = Happy New Year
s2 = Happy New Year
s2 = Happy Holidays

strcmp(s1, s2)= 0
strcmp(s1, s3)= 1
strcmp(s3, s1)= -1
```

```
strncmp(s1, s3, 6)= 0
strncmp(s1, s3, 7)= 1
strncmp(s3, s1, 7)= -1
```

그림 2.4 strcmp와 strncmp의 사용

strtok 함수는 문자열을 토큰화(token)한다. 토큰은 구분 문자(delimiting character)로 분리된 문자열이다. 예를 들어, 한 줄의 텍스트에서 각 단어는 하나의 토큰으로 생각할 수 있고, 스페이스가 구분 문자(delimiter character)이다. strtok 함수를 이용하여, 문자열을 토큰들로 나눌 수 있다. strtok 함수는 두 개의 인수가 필요한데, 토큰으로 나눌 대상 문자열과 토큰을 구분할 구분 문자이다. 그림 2.5의 18번 줄은 sentence의 첫 번째 토큰에 대한 포인터를 tokenPtr에 대입한다. 두 번째 인수 " "는 sentence에 있는 토큰들이 스페이스로 구분된다는 것을 의미한다. strtok 함수는 sentence에서 구분 문자가 아닌 첫 번째 문자를 찾아서 첫 번째 토큰으로 삼고, 다음 구분 문자를 찾아서 그 자리에 널 문자로 대치한다. 이 널 문자가 첫 번째 토큰의 끝을 나타낸다. 토큰 다음에 있는 문자에 대한 포인터를 저장하고 현재 토큰에 대한 포인터를 반환한다.

```
1 // strtok의 사용
2
3 #include <iostream>
4
5 using std::cout;
6 using std::endl;
7
8 #include <cstring>
```

```

int main()
{
    char sentence[] = "This is a sentence with 7 tokens";
    char *tokenPtr;

    cout << "The string to be tokenized is:₩n" << sentence
         << "₩n₩nThe tokens are:₩n";

    tokenPtr = strtok( sentence, " " );

    while ( tokenPtr != NULL ) {
       cout << tokenPtr << '₩n';
       tokenPtr = strtok( NULL, " " );
    }

    return 0;
}
```

```
The string to be tokenized is:
This is a sentence with 7 tokens

The tokens are:
This
is
a
sentence
with
7
tokens
```

그림 2.5 strtok의 사용

strlen 함수는 인수로 문자열을 받고 그 문자열의 문자 개수를 반환하는 함수이다. 널 문자는 크기에 포함되지 않는다. 그림 2.6은 strlen

함수의 사용 예를 보여준다.

```
// strlen의 사용

#include <iostream>

using std::cout;
using std::endl;

#include <cstring>

int main()
{
   char *string1 = "abcdefghijklmnopqrstuvwxyz";
   char *string2 = "four";
   char *string3 = "Boston";

   cout << "The length of ₩"" << string1
        << "₩" is " << strlen( string1 )
        << "₩"nThe length of ₩"" << string2
        << "₩" is " << strlen( string2 )
        << "₩"nThe length of ₩"" << string3
        << "₩" is " << strlen( string3 ) << endl;

   return 0;
}
```

```
The length of "abcedfghijklimopqrstuvwxyz" is 26
The length of "four" is 4
The length of "Boston" is 6
```

그림 2.6 strlen의 사용

2.2.2 string 클래스를 이용하는 방식

string 클래스 이용하는 방식이란 〈string〉 헤더 파일에 선언된 다양한 멤버 함수들을 이용하는 방식이다. 문자열 비교, 복사, 수정 등의 함수들을 제공한다.

string 클래스는 C++ 표준 라이브러리에서 제공하는 클래스로서 다음과 같이 인클루드하여 사용하면 된다.

```
#include <string>
using namespace std;
```

기능(함수)	설명
=	대입 연산 : string, char *, char형 데이터의 대입이 가능하다.
[]	특정 위치 참조 : 특정 위치의 문자를 읽거나 쓸 수 있다.
+=	문자열 추가 : string, char *, char 형 데이터의 추가가 가능하다.
append	문자열 추가
insert	다른 string 객체의 일부 또는 전체를 특정 위치로 추가할 수 있다.
erase	문자열의 일부를 제거할 수 있다.
replace	문자열의 일부를 다른 객체의 일부 또는 전체로 대체할 수 있다.
find	특정 문자 또는 문자열이 나타나는 첫 번째 index를 반환한다. 문자열이 나타나지 않으면 string::npos(-1) 값을 반환한다.
rfind	특정 문자 또는 문자열이 나타나는 마지막 index를 반환한다.
compare	다른 문자열과 비교하여 같으면 0을 반환한다.
swap	다른 문자열의 내용과 서로 맞바꾸기를 한다.
+	문자열 결합 후 결과 반환
==, !=	동등 비교 연산
〈, 〉, 〈=, 〉=	대소 비교 연산
〉〉, 〈〈	입출력 연산

그림 2.7 string 클래스의 주요 기능

C-스트링 방식은 초기에 할당받은 메모리 크기 이상의 문자열을 저장할 수 없기 때문에 프로그램 작성에 어려움이 있지만, string 클래스는

문자열의 크기에 맞추어 스스로 메모리 크기를 조절하기 때문에 사용하기 매우 편리하다. 다음은 두 개의 문자열을 연결하는 코드이다.

```
string str = "I love "; // str은 'I', ' ', 'l', 'o', 'v', 'e', ' '의 7개 문자로 구성
str.append("C++."); // str은 "I love C++."이 된다. 11개의 문자
```

string 클래스에는 그림 2.7과 같이 문자열의 연산을 실행하는 다양한 연산자와 멤버 함수들을 포함한다.

스트림 추출 연산자 (>>)는 string을 지원하기 위해 중첩(overloading)된다. 다음 문장은

```
string strObj;
cin >> strObj;
```

표준 입력 장치로부터 string을 읽어온다. 다음과 같이 getline함수를 사용해도 된다.

```
string strObj;
getline( cin, strObj );
```

그림 2.8의 프로그램은 string의 할당과 연결에 대한 예시를 보여주고 있다.

```
// string의 할당과 연결에 대한 예시

#include <iostream>

using std::cout;
using std::endl;
```

```
#include <string>

using std::string;

int main()
{
  string s1( "cat" ), s2, s3;

  s2 = s1;             // =을 사용한 할당
  s3.assign( s1 );  // assign()을 사용한 할당
  cout << "s1: " << s1 << "₩ns2: " << s2 << "₩ns3: "
      << s3 << "₩n₩n";

  // s2과 s3 의 수정
  s2[ 0 ] = s3[ 2 ] = 'r';

  cout << "After modification of s2 and s3:₩n"
      << "s1: " << s1 << "₩ns2: " << s2 << "₩ns3: ";

  // at()으로 원소를 찾는 예시
  int len = s3.length();
  for ( int x = 0; x < len; ++x )
    cout << s3.at( x );

  // 연결(concatenation)
  string s4( s1 + "apult" ), s5;  // s4와 s5를 선언

  // 중첩된(overloaded) +=
  s3 += "pet";                // "carpet"을 생성
  s1.append( "acomb" );    // "catacomb"을 생성

  // s1의 네번째부터 마지막 문자까지를 s5에 연결
  // "comb"를 생성 (s5는 처음에 빈 스트링)
```

```
    s5.append( s1, 4, s1.size() );

    cout << "₩n₩nAfter concatcenation:₩n" << "s1: " << s1
        << "₩ns2: " << s2 << "₩ns3: " << s3 << "₩ns4: " << s4
        << "₩ns5: " << s5 << endl;

    return 0;
}
```

```
s1: cat
s2: cat
s3: cat

After modification of s2 and s3:
s1: cat
s2: rat
s3: car

After concatenation:
s1: catacomb
s2: rat
s3: carpet
s4: catapult
s5: comb
```

그림 2.8 string의 할당과 연결

그림 2.9는 string 비교 기능을 보여주고 있다.

```
// string 비교 예시

#include <iostream>

using std::cout;
using std::endl;

```

```
#include <string>

using std::string;

int main()
{
  string s1( "Testing the comparison functions." ),
       s2( "Hello" ), s3( "stinger" ), z1( s2 );

  cout << "s1: " << s1 << "₩ns2: " << s2
            << "₩ns3: " << s3 << "₩nz1: " << z1 << "₩n₩n";

  // s1과 z1을 비교
  if ( s1 == z1 )
    cout << "s1 == z1₩n";
  else { // s1 != z1
    if ( s1 > z1 )
      cout << "s1 > z1₩n";
    else // s1 < z1
      cout << "s1 < z1₩n";
  }

  // s1과 s2을 비교
  int f = s1.compare( s2 );

  if ( f == 0)
    cout << "s1.compare( s2 ) == 0₩n";
  else if ( f > 0 )
    cout << "s1.compare( s2 ) > 0₩n";
  else  // f < 0
    cout << "s1.compare( s2 ) < 0₩n";

  // s1 (elements 2 - 5)과 s3 (elements 0 - 5)를 비교
  f = s1.compare( 2, 5, s3, 0, 5 );
```

```
if ( f == 0 )
  cout << "s1.compare( 2, 5, s3, 0, 5 ) == 0₩n";
else if ( f > 0 )
  cout << "s1.compare( 2, 5, s3, 0, 5 ) > 0₩n";
else  // f < 0
  cout << "s1.compare( 2, 5, s3, 0, 5 ) < 0₩n";

// s2와 z1을 비교
f = z1.compare( 0, s2.size(), s2 );

if ( f == 0 )
  cout << "z1.compare( 0, s2.size(), s2 ) == 0" << endl;
else if ( f > 0 )
  cout << "z1.compare( 0, s2.size(), s2 ) > 0" << endl;
else  // f < 0
  cout << "z1.compare( 0, s2.size(), s2 ) < 0" << endl;

return 0;
}
```

```
s1: Testing the comparison functions.
s2: Hello
s3: stinger
z1: Hello

s1 > z1
s1.compare( s2 ) > 0
s1.compare( 2, 5, s3, 0, 5 ) == 0
z1.compare( 0, s2.size(), s2 ) == 0
```

그림 2.9 string의 비교

그림 2.10의 프로그램은 서브스트링을 추출하기 위한 substr을 예시하고 있다.

```
// substr의 예시

#include <iostream>

using std::cout;
using std::endl;

#include <string>

using std::string;

int main()
{
  string s( "The airplane flew away." );

  // substr()의 첫 인수 7은 서브스트링의 시작첨자이며, 마지막 인수 5는 추출될 문자 수
  // 이다. 결과 서브스트링 "plane"을 return 한다.
  cout << s.substr( 7, 5 ) << endl;

  return 0;
}
```

```
plane
```

그림 2.10 substr의 예시

그림 2.11은 string을 교환하기 위해 swap()을 사용하는 예제이다.

```
// swap() 사용 예제

#include <iostream>

```

```
using std::cout;
using std::endl;

#include <string>

using std::string;

int main()
{
  string first( "one" ), second( "two" );

  cout << "Before swap:₩n first: " << first
      << "₩nsecond: " << second;
  first.swap( second );
  cout << "₩n₩nAfter swap:₩n first: " << first
      << "₩nsecond: " << second << endl;

  return 0;
}
```

```
Before swap:
 first: one
second: two

After swap:
 first: two
second: one
```

그림 2.11 swap() 사용 예제

클래스 string는 string의 크기, 길이, 용량, 최대 길이 그리고 그 외의 특성들을 구하는 함수를 제공한다. 크기 또는 길이는 string에 저장되어 있는 문자의 수를 뜻한다. 용량은 string을 저장하는 기억장소의 용량 즉, 저장할 수 있는 원소의 총 개수이다. 최대 크기는 저장할 수 있는 가장 큰 string 크기이다. 그림 2.12의 프로그램은 string의 크기, 길이 그리고 다른 특성들을 구하는 예시이다.

```
// string의 크기와 용량에 관한 예시

#include <iostream>

using std::cout;
using std::endl;
using std::cin;

#include <string>

using std::string;

void printStats( const string & );

int main()
{
  string s;

  cout << "Stats before input:₩n";
  printStats( s );

  cout << "₩n₩nEnter a string: ";
  cin >> s; // string은 공백 문자(whitespace)들에 의해 구분된다
  cout << "The string entered was: " << s;

  cout << "₩nStats after input:₩n";
  printStats( s );

  s.resize( s.length() + 10 );
  cout << "₩n₩nStats after resizing by (length + 10):₩n";
```

```
    printStats( s );

    cout << endl;
    return 0;
}

void printStats( const string &str )
{
    cout << "capacity: " << str.capacity()
         << "₩nmax size: " << str.max_size()
         << "₩nsize: " << str.size()
         << "₩nlength: " << str.length()
         << "₩nempty: " << ( str.empty() ? "true": "false" );
}
```

```
Stats before input:
capacity: 0
max size: 4294967293
size: 0
length: 0
empty: true

Enter a string: tomato soup
The string entered was: tomato
Stats after input:
capacity: 31
max size: 4294967293
size: 6
length: 6
empty: false

Stats after resizing by (length + 10):
capacity: 31
max size: 4294967293
size: 16
length: 16
empty: false
```

그림 2.12 string의 특성들을 구하는 예시

그림 2.13은 string에서 문자 혹은 스트링을 찾기 위한 find()를 사용하는 예시이다.

```
// find() 함수 사용 예시

#include <iostream>

using std::cout;
using std::endl;

#include <string>

using std::string;

int main()
{
  // s의 초기값은 연결된 한 string
  string s( "The values in any left subtree"
            "₩nare less than the value in the"
            "₩nparent node and the values in"
            "₩nany right subtree are greater"
            "₩nthan the value in the parent node" );

  // 23과 102의 위치에서 "subtree"를 찾음
  cout << "Original string:₩n" << s
      << "₩n₩n(find) ₩"subtree₩" was found at: "
      << s.find( "subtree" )
      << "₩n(rfind) ₩"subtree₩" was found at: "
      << s.rfind( "subtree" );

  // 62 and 144의 위치에서 "parent" 에 있는 'p'를 찾음
  cout << "₩n(find_first_of) character from ₩"qpxz₩" at: "
      << s.find_first_of( "qpxz" )
```

```
31         << "₩n(find_last_of) character from ₩"qpxz₩" at: "
32         << s.find_last_of( "qpxz" );
33
34     // 25의 위치에서 'b'를 찾음
35     cout << "₩n(find_first_not_of) first character not₩n"
36         << "   contained in ₩"heTv lusinodrpayft₩": "
37         << s.find_first_not_of( "heTv lusinodrpayft" );
38
39     // 121의 위치에서 '₩n'을 찾음
40     cout << "₩n(find_last_not_of) first character not₩n"
41         << "   contained in ₩"heTv lusinodrpayft₩": "
42         << s.find_last_not_of( "heTv lusinodrpayft" ) << endl;
43
44     return 0;
45 }
```

```
Original string:
The values in any left subtree
are less than the value in the
parent node and the values in
any right subtree are greater
than the value in the parent node

(find) "subtree" was found at: 23
(rfind) "subtree" was found at: 102
(find_first_of) character from "qpxz" at: 62
(find_last_of) character from "qpxz" at: 144
(find_first_not_of) first character not
  contained in "heTv lusinodrpayft":25
(find_last_not_of) first character not
  contained in "heTv lusinodrpayft": 121
```

그림 2.13 find() 함수 사용 예시

라인 26의

```
s.rfind( "subtree" )
```

는 s에서 "subtree"를 역으로 찾기 위해 함수이다. 라인 30의

```
s.find_first_of( "qpxz" )
```

은 "qpxz"의 어느 한 문자가 s 중에서 처음 나타나는 곳을 찾는다. 위치 62에서 문자 'p'가 발견된다.

라인 32의

```
s.find_last_of( "qpxz" );
```

은 "qpxz"의 어느 한 문자가 s 중에서 마지막으로 나타나는 곳을 찾는다. 위치 144에서 문자 'p'가 발견된다.

라인 37의

```
s.find_first_not_of( "heTv lusinodrpayft" );
```

은 s 중에서 "heTv lusinodrpayft"에 포함되지 않는 첫 문자를 찾기 위해 s의 시작부분부터 탐색한다.

라인 42의

```
s.find_last_not_of( "heTv lusinodrpayft" );
```

은 s 중에서 "heTv lusinodrpayft"에 포함되지 않는 첫 문자를 찾기 위해 s의 끝에서 부터 탐색한다.

그림 2.14는 문자를 지우고 대체하는 예시이다.

```
// erase()와 replace() 예시

#include <iostream>

using std::cout;
using std::endl;

#include <string>

using std::string;

int main()
{
  // s의 초기값은 연결된 한 string
  string s( "The values in any left subtree"
          "₩nare less than the value in the"
          "₩nparent node and the values in"
          "₩nany right subtree are greater"
          "₩nthan the value in the parent node" );

  // 62의 위치에서부터 s의 끝까지
  // 모든 문자들을 remove
  s.erase( 62 );

  // 새로운 string을 출력
  cout << "Original string after erase:₩n" << s
     << "₩n₩nAfter first replacement:₩n";

  // 모든 공백을 마침표로 replace
  int x = s.find( " " );
  while ( x < string::npos ) {
    s.replace( x, 1, "." );
    x = s.find( " ", x + 1 );
  }
```

```
35
36     cout << s << "₩n₩nAfter second replacement:₩n";
37
38     // 모든 마침표를 두 개의 semicolon으로 replace
39     // 주의: 이것은 모든 문자들을 덮어쓴다.
40     x = s.find( "." );
41     while ( x < string::npos ) {
42         s.replace( x, 2, "xxxxx;;yyy", 5, 2 );
43         x = s.find( ".", x + 1 );
44     }
45
46     cout << s << endl;
47     return 0;
48 }
```

```
Original string after erase:
The values in any left subtree
are less than the value in the

After first replacement:
The.values.in.any.left.subtree
are.less.than.the.value.in.the

After second replacement:
The;;alues;;n;;ny;;eft;;ubtree
are;;ess;;han;;he;;alue;;n;;he
```

그림 2.14 erase()와 replace()의 예시

라인 23의

```
s.erase( 62 );
```

는 원소 62부터 s의 끝까지를 지운다.

라인 30~34의

```
int x = s.find( " " );
while( x < string::npos ) {
   s.replace( x, 1, "." );
   x = s.find( " ", x + 1 );
}
```

는 공백문자의 위치를 알기 위하여 find()를 사용하고 있다. 각 공백문자는 replace() 를 사용하여 마침표로 대체된다. replace()의 인수는 시작 원소의 첨자, 대체될 문자 수, 대체할 문자로 구성된다. 상수 string::npos는 최대 스트링 길이를 나타낸다. find()는 s의 끝에 도달되었을 때 string::npos를 반환한다.

라인 40~44의

```
x = s.find( "." );
while( x < string::npos ) {
   s.replace( x, 2, "xxxxx;;yyy", 5, 2 );
   x = s.find( ".", x + 1 );
}
```

는 마침표를 발견하기 위해 find()를 사용하고 각 점과 그 뒤를 따르는 문자를 두 개의 세미콜론으로 대체하기 위하여 함수 replace를 사용하고 있다. replace()의 인수는 시작 원소의 첨자, 대체될 문자 수, 대체 스트링, 대체 서브스트링의 시작 원소의 첨자, 대체 스트링 중 사용할 문자 수로 구성된다.

그림 2.14는 문자를 삽입하는 예시이다.

```
// insert()의 예시

#include <iostream>
```

```
using std::cout;
using std::endl;

#include <string>

using std::string;

int main()
{
  string s1( "beginning end" ),
         s2( "middle " ), s3( "12345678" ), s4( "xx" );

  cout << "Initial strings:₩ns1: " << s1
     << "₩ns2: " << s2 << "₩ns3: " << s3
     << "₩ns4: " << s4 << "₩n₩n";

  // 10의 위치에 "middle"을 insert
  s1.insert( 10, s2 );

  // s3의 3의 위치에 "xx"를 insert
  s3.insert( 3, s4, 0, string::npos );

  cout << "Strings after insert:₩ns1: " << s1
     << "₩ns2: " << s2 << "₩ns3: " << s3
     << "₩ns4: " << s4 << endl;

  return 0;
}
```

```
Initial strings:
s1: beginning end
s2: middle
s3: 12345678
s4: xx
```

```
Strings after insert:
s1: beginning middle end
s2: middle
s3: 123xx45678
s4: xx
```

그림 2.15 insert()의 예시

라인 22의

```
s1.insert( 10, s2 );
```

는 원소 10 앞에 string s2를 삽입한다.

라인 25의

```
s3.insert( 3, s4, 0, string::npos );
```

는 s3의 세번째 원소 앞에 s4를 삽입한다. 마지막 두 인수는 s4의 시작 원소와 삽입될 s4의 문자수를 나타낸다.

그림 2.16는 C 형식의 char * string 으로 변환하는 프로그램이다.

```
// C-스트링으로 변환하기

#include <iostream>

using std::cout;
using std::endl;

#include <string>

using std::string;
```

```
int main()
{
   string s( "STRINGS" );
   const char *ptr1 = 0;
   int len = s.length();
   char *ptr2 = new char[ len + 1 ]; // '₩0' 포함

   // ptr2에 s의 문자를 copy
   s.copy( ptr2, len, 0 );
   ptr2[ len ] = '₩0';  // '₩0' 로 끝나도록

   // 출력
   cout << "string s is " << s
       << "₩ns converted to a C-Style string is "
       << s.c_str() << "₩nptr1 is ";

   // data()함수에서 반환된 const char *를 ptr1 포인터로 할당
   // 주의: 이 내용은 잠재적인 위험성을 가지고 있다.
   // 만약 string1이 수정되면 포인터 ptr1은 유효하지 않다.
   ptr1 = s.data();

   for ( int k = 0; k < len; ++k )
     cout << *( ptr1 + k );  // 포인터를 사용하여 각 문자를 출력

   cout << "₩nptr2 is " << ptr2 << endl;
   delete [] ptr2;
   return 0;
}
```

```
string s is STRINGS
s converted to a C-Style string is STRINGS
ptr1 is STRINGS
ptr2 is STRINGS
```

그림 2.16 C-스트링으로 변환하기

라인 20의

```
s.copy( ptr2, len, 0 );
```

는 ptr2에 지정된 길이만큼, 위치는 0부터 s를 복사한다.

라인 26의

```
<< s.c_str()
```

은 s가 '\0' 로 끝나는 const char * 형인 C-스트링으로 변환된다.

라인 31의

```
ptr1 = s.data();
```

은 '\0' 로 종료되시 않은 채 s를 ptr1에 배정한다.

string 클래스는 스트링의 앞뒤 요소를 탐색하기 위한 이터레이터(iterator)를 제공한다. 이터레이터는 포인터와 비슷한 방법으로 개별 문자를 접근할 수 있다. 그림 2.17의 프로그램은 이터레이터를 예시하고 있다.

```
// iterator를 이용한 출력 예시

#include <iostream>

using std::cout;
using std::endl;

#include <string>

```

```
10 using std::string;
11
12 int main()
13 {
14   string s( "Testing iterators" );
15   string::const_iterator i1 = s.begin();
16
17   cout << "s = " << s
18       << "₩n(Using iterator i1) s is: ";
19
20   while ( i1 != s.end() ) {
21     cout << *i1;   // il이 문자를 구함
22     ++i1;          // 다음 문자를 얻기 위해 반복자 증가
23   }
24
25   cout << endl;
26   return 0;
27 }
```

```
s = Testing iterators
(Using iterator il) s is: Testing iterators
```

그림 2.17 이터레이터의 예시

라인 15의

```
string::const_iterator il = s.begin();
```

const_iterator는 컨테이너(여기서는 스트링)를 변경시킬 수 없는(const이기 때문에) 이터레이터이다. 이터레이터 il은 string 클래스의 함수 begin()으로 말미암아 s의 맨처음 시작점이 된다. const_iterator 는 const string을 반복하기 위한 것이고, iterator는 non-const string을

반복하기 위한 것이다.

라인 20

```
while ( il != s.end() ) { ... }
```

의 end()는 스트링의 마지막 인지를 확인한다. 스트링의 끝에서 처음으로, 역으로 스트링의 각 문자들을 접근하는 멤버 함수 rend()와 rbegin()도 있다. 이를 위해서는 reverse_iterator 또는 const_reverse_iterators를 사용해야 한다.

2.3 표준 라이브러리의 활용

2.2절에서 설명한 문자 혹은 문자열 조작 함수 외에도 많은 함수들이 존재한다. 이들 함수들은 표준 라이브러리로 제공된다.

표준 라이브러리 헤더파일	설명
〈cassert〉	디버깅을 돕는 진단을 첨가하는 매크로외 정보를 포함한다.
〈cctype〉	속성을 검사하는 함수와 소문자를 대문자로 변환하는 데 사용되는 함수를 포함한다.
〈cfloat〉	시스템의 부동점 사이즈를 제한하는 함수를 포함한다.
〈climits〉	시스템의 정수 사이즈를 제한하는 함수를 포함한다.
〈cmath〉	수학적 라이브러리 함수들을 포함한다.
〈cstdio〉	표준 입출력 라이브러리 함수와 그들을 사용하는 정보를 포함한다.
〈cstdlib〉	숫자를 텍스트로, 텍스트를 숫자로, 메모리할당, 난수 등을 위한 함수와 그 외 다양한 유틸리티 함수를 포함한다.

헤더파일	설명
<cstring>	C-스트링 처리 함수를 포함한다.
<ctime>	시간과 날짜를 조작하는 함수를 포함한다.
<isotream>	표준 입력과 표준 출력 함수를 위한 함수를 포함한다.
<iomanip>	데이터의 스트림을 포맷할 수 있는 스트림 조작을 위한 함수를 포함한다.
<fstream>	디스크로 부터의 입력과 디스크로의 출력을 수행하는 함수를 포함한다.
<utility>	다른 라이브러리 헤더파일에 의해서 사용되는 클래스와 함수를 포함한다.
<vector>, <list>, <deque>, <queue>, <stack>, <map>, <set>, <bitset>	표준 라이브러리 컨테이너를 구현하는 클래스를 포함한다. 컨테이너는 프로그램의 실행 동안 데이터를 저장하기 위해 사용한다.
<functional>	표준 라이브러리 알고리즘에 의해 사용되는 클래스와 함수를 포함한다.
<memory>	메모리를 표준 라이브러리 컨테이너에 할당하는 표준 라이브러리에 의해서 사용되는 클래스와 함수를 포함한다.
<iterator>	표준 라이브러리 컨테이너에서 데이터를 접근하기 위한 클래스를 포함한다.
<algorithm>	표준 라이브러리 켄테이너에서 데이터를 조작하기 위한 함수를 포함한다.
<exception>, <stdexcept>	예외처리를 위하여 사용된 클래스를 포함한다
<string>	표준라이브러리로부터 string 클래스의 정의를 포함한다.
<sstream>	메모리에서 스트링으로부터의 입력과 메모리에 스트림을 출력을 수행하는 함수를 포함한다.
<locale>	다른 언어를 위하여 자연형식으로 데이터를 처리하는 스트림 프로세싱에 의해 일반적으로 사용되는 클래스와 함수를 포함한다.
<limits>	각 컴퓨터의 플랫폼상에서 수치자료형 제한을 정의하기 위한 클래스를 포함한다.
<typeinfo>	실시간 타입 식별화를 위한 클래스를 포함한다.

그림 2.18 표준 라이브러리 헤더파일

각 표준 라이브러리는 대응하는 헤더파일을 가지고 있다. 그림 2.18은 C++ 프로그램에서 포함해야 하는 표준 라이브러리 헤더파일의 목록이다. 헤더파일을 프로그램 내에 포함시키기 위해서는

```
#include <cstdlib>
```

와 같이 각괄호를 사용하여 헤더파일 이름을 주면 된다. 이름에 확장자 .h가 붙은 헤더파일은 구 버전의 헤더파일이다.

프로그래머는 사용자 정의(user-defined) 헤더파일을 생성할 수 있다. 사용자 정의 헤더파일은 반드시 .h로 끝나야 한다. 사용자 정의 헤더파일을 포함시킬 경우에는

```
#include "square.h"
```

로 해야 한다.

표준 라이브러리의 함수들을 사용하는 예를 들어보자. 시뮬레이션이나 게임에서 자주 난수를 사용한다. 난수를 발생하는 표준 라이브러리 함수 rand()는 〈cstdlib〉에 포함되어 있으며,

```
i = rand();
```

와 같이 사용된다. 그러므로 rand()를 사용하려면 꼭 〈cstdlib〉에 포함하여야 한다. 그림 2.19에는 〈cstdlib〉와 〈cmath〉에 포함된 함수들의 프로토타입이 나타나있다. rand()는 0에서 RAND_MAX 까지의 부호없는 정수를 생성한다. RAND_MAX는 〈cstdlib〉에서 정의된 기호상수이며, 32767(216-1)이다. rand()가 무작위로 정수값을 생성할 때마다 0에서 RAND_MAX까지의 수가 같은 확률로 선택된다.

rand()의 예를 보이기 위해 주사위를 20번 던져 나오는 각각의 값을 출력하는 프로그램을 작성해 보자. 0~5 사이의 무작위 정수를 생성하기 위해서는 다음과 같이 하면 된다.

```
rand() % 6
```

이것을 크기변환(scaling)이라고 한다. 숫자 6을 크기 변환비(scaling factor)라고 한다. 여기에 1을 더하면 1~6 사이의 값을 무작위로 구할 수 있다.

이 값들이 거의 같은 확률로 나타남을 보이기 위해 6000번의 주사위 던지기를 시뮬레이션해 보자. 1에서 6까지의 각 정수가 거의 1000에 가까운 횟수로 나타난다.

헤더 파일	함수 프로토타입	기능
cstdlib	int rand(void);	0에서 RAND_MAX까지의 값들 중 무작위 값을 생성함
	void srand (unsigned int seed);	rand 함수를 사용하기 전에 랜덤 넘버 생성기를 초기화함
	int system (const char *string);	string 문자열에 해당하는 커맨드 명령어를 실행함
	int atoi(const char *nptr);	문자열에 포함된 정수값을 반환함
	double atof (const char *nptr);	문자열에 포함된 실수값을 반환함
cmath	double fabs(double x);	절대값을 반환함
	double round(double x);	반올림 결과를 반환함
	double sin(double x);	sin 값을 반환함
	double log(double x);	자연로그 값을 반환함
	double pow (double x, double y);	x의 y승 값을 반환함

그림 2.19 cstdlib와 cmarh에 포함된 함수 프로토타입

rand()의 예를 보이기 위해 주사위를 20번 던져 나오는 각각의 값을 출력하는 프로그램을 작성해 보자. 0~5 사이의 무작위 정수를 생성하기 위해서는 다음과 같이 하면 된다.

```
rand() % 6
```

이것을 크기변환(scaling)이라고 한다. 숫자 6을 크기 변환비(scaling factor)라고 한다. 여기에 1을 더하면 1~6 사이의 값을 무작위로 구할 수 있다.

이 값들이 거의 같은 확률로 나타남을 보이기 위해 6000번의 주사위 던지기를 시뮬레이션해 보자. 1에서 6까지의 각 정수가 거의 1000에 가까운 횟수로 나타난다.

```
// 6000번 주사위 던지기 예제

#include <iostream>

using std::cout;
using std::endl;

#include <iomanip>

using std::setw;

#include <cstdlib>

int main ( )
{
  int frequency1 = 0, frequency2 = 0,
      frequency1 = 0, frequency4 - 0,
      frequency1 = 0, frequency4 = 0,
      face;

  for ( int roll = 1; roll <= 6000; roll++ ) {
      face = 1 + rand() % 6;

      switch ( face ) {
```

```
            case 1:
                ++frequency1;
                break;
            case 2:
                ++frequency2;
                break;
            case 3:
                ++frequency3;
                break;
            case 4:
                ++frequency4;
                break;
            case 5:
                ++frequency5;
                break;
            case 6:
                ++frequency6;
                break;
             default:
                 cout << "should never get here!";
        }
    }

    cout << "Face" << setw( 13 ) << "Frequency"
         << "₩n   1" << setw( 13 ) << frequency1
         << "₩n   2" << setw( 13 ) << frequency2
         << "₩n   3" << setw( 13 ) << frequency3
         << "₩n   4" << setw( 13 ) << frequency4
         << "₩n   5" << setw( 13 ) << frequency5
         << "₩n   6" << setw( 13 ) << frequency6

    retuen 0;
}
```

```
Face    Frequency
  1        987
  2        984
  3       1029
  4        974
  5       1004
  6       1022
```

그림 2.20 6000번 주사위 던지기

이 프로그램을 다시 실행하면 같은 결과가 나온다. 이것은 의사-무작위 수(pseudo-random numbers)를 생성하는 rand()의 특성 때문이다. 무작위 수이긴 하지만 프로그램을 재차 실행하면 동일한 수열이 생성되는 것이다.

헤더 파일	함수 프로토타입	기능
ctime	time_t time(time_t *timer);	1970년 1월 1일 0시를 기준으로 현재의 시각을 초단위로 반환. 달력 시간(calendar time)이라고 함
	struct tm *localtime (const time_t *timer);	달력 시간(timer)으로부터 struct tm 타입의 값을 반환. 지역 시간(local time)이라고 하며 년, 월, 일, 시, 분, 초의 값을 쉽게 알 수 있음
	double difftime (time_t time1, time_t time0);	(time1 - time0)의 값을 초 단위로 계산하여 반환
	clock_t clock(void)	프로그램이 실행된 이후의 CPU time(clock) 값을 반환. 미리 정의된 CLOCKS_PER_SEC 문자열로 나눔으로써 초 단위 값을 알 수 있음

그림 2.21 ctime에 포함된 함수 프로토타입

실행할 때마다 다른 무작위 수열을 생성하기 위해서는 srand()를 사용해야 한다. srand()는 seed를 사용한다. seed가 다르면 같은 프로그램을 반복 실행하더라도 다른 수열의 난수가 발생한다. 수행할 때마

다 매번 다른 seed를 주는 것이 번거롭기 때문에 time(0)를 사용한다. time()은 현재 시간을 초 단위로 반환한다. 이 값을 unsigned 정수로 변환하고 seed로서 사용된다. time()은 〈ctime〉에 있기 때문에 〈ctime〉을 포함하여야 한다. 그림 2.21에는 〈ctime〉에 포함된 함수들의 프로토타입이 나타나있다.

이제 srand(), time() 등을 사용한 예제 프로그램을 보자. 그림 2.22는 다음과 같은 규칙을 갖는 주사위 게임이다.

참가자는 두 개의 주사위를 던지며 두 주사위의 값이 더해진다. 첫 번째 던져서 7또는 11이 나오면 던진 사람이 이긴다. 만일, 합이 2, 3 또는 12이면 던진 사람이 진다(즉, 주최자가 이긴다). 만일, 처음 던진 두 개의 합이 4, 5, 6, 8, 9, 10이면 던진 사람의 점수(myPoint)가 된다. 계속 던져서 이전의 점수(myPoint)와 같은 값이 나오면 이긴다. 두 주사위의 합이 7이면 진다. 주최자는 주사위를 던지기 않는다. 이 게임을 크랩스 게임이라고 한다.

```
// 크랩스 게임 시뮬레이션

#include <iostream>

using std::cout;
using std::endl;

#include <cstdlib>

#include <ctime>

using std::time;

```

```
int rollDice( void );  // 함수 프로토타입

int main ( )
{
   enum Status { CONTINUE, WON, LOST };
   int sum, myPoint;
   Status gameStaus;

   srand( time( 0 ) );
   sum = rollDice();             // 처음 주사위를 던짐

   switch ( sum ) {
     case 7:
     case 11:                    // 처음 던져서 이기는 경우
        gameStatus = WON;
        break;
     case 2:
     case 3:
     case 12:                    // 처음 던져서 지는 경우
        gameStaus = LOST;
        break
     default:
        gameStaus = CONTINUE;
        mypoint = sum;
        cout << "Point is " << myPoint << endl;
        break;
   }

  while ( gameStatus == CONTINUE ){       // 계속 던짐
     sum = rollDice();

     if ( sum == myPoint )       // 이전의 점수와 같은 값이 나오면 이김
        gameStatus = won;
     else
```

```
      if ( sum == 7 )          // 7이 나오면 짐
         gameStatus = LOST;
   }

   if ( gameStatus == WON )
      cout << "Player wins" << endl;
   else
      cout << "Player loses" << endl;

   return 0;
}

int rollDice( void )
{
   int die1, die2, workSum;

   die1 = 1 + rand() % 6;
   die2 = 1 + rand() % 6;
   workSum = die1 + die2;
   cout << "Player rolled" << die2 << " + " << die2
        << " = " << workSum << endl;

   return workSum;
}
```

```
Player rolled 6 + 6 = 11
Player wins

Player rolled 6 + 5 = 11
Player wins

Player rolled 4 + 6 = 10
Point is 10
Player rolled 2 + 4 = 6
Player rolled 6 + 5 = 11
Player rolled 3 + 3 = 6
```

```
Player rolled 6 + 4 = 10
Player wins
```

```
Player rolled 1 + 3 = 4
Point is 4
Player rolled 1 + 4 = 5
Player rolled 5 + 4 = 9
Player rolled 4 + 6 = 10
Player rolled 6 + 3 = 9
Player rolled 1 + 2 = 3
Player rolled 5 + 2 = 7
Player loses
```

그림 2.22 크랩스 게임 시뮬레이션

제3장

클래스와 데이터 추상화

제3장

클래스와 데이터 추상화

3.1 클래스와 객체

객체지향 프로그래밍(OOP)는 데이터(속성)와 함수(행위)를 클래스라고 하는 패키지에 캡슐화해서 넣는다. 클래스는 청사진과 같은 것이며, 청사진으로부터 집을 지을 수 있다. 그러나 청사진을 보고 집이라 하지는 않는다. 클래스로부터 객체(object)를 만들 수 있다. 이 객체가 집에 해당한다. 그래서 객체를 실체라고도 번역한다. 1개의 청사진으로 집을 여러 채 지을 수 있다. 마찬가지로 1개의 클래스로 여러 객체를 만들 수 있다.

클래스는 정보 은닉(information hiding)이라는 특성을 갖는다. 이것은 객체가 인터페이스(interface)를 통해 다른 객체와 서로 통신할 수는 있지만, 다른 클래스가 어떻게 구현되었느냐에 관해서 아는 것은 허락되지 않는다는 것을 의미한다 —구현 세부사항은 클래스 안에 숨겨져 있다는 뜻이다. 엔진이나 기어, 배기 시스템의 내부 작동 방법을 상세히 알지 못하고도 차동차를 효과적으로 운전할 수 있는 것과 마찬가지다. 정보 은닉은 소프트웨어공학에 매우 중요한 개념이다.

C와 같은 절차적 프로그래밍 언어(procedural programming language)는 계산중심(calculation-oriented)이지만, C++은 객체지향(object-oriented)이다. C에서 단위는 함수이지만, C++에서는 클래스이다. 클래스로부터 객체를 만든다. C에서 데이터가 중요하고, 데이터는 함수를 수행하는 액션을 지원하기 위해 존재한다.

C++는 클래스라고 불리우는 사용자-정의 타입(user-defoned type)을 작성해야 한다. 각 클래스는 데이터와 그 데이터를 조작하는 함수를 갖는다. 클래스의 데이터를 멤버 데이터(member data)라고 하고, 함수를 멤버 함수(member function)라고 한다. (Java에서는 method라고 한다). int와 같은 빌트-인 타입(built-in type)의 실례(intance)를 변수라고 부르는 것처럼 클래스의 실례를 객체라고 부른다. 그 때문에 C++에서는 변수도 객체, 객체도 객체라고 부른다. C++의 주된 초점은 함수보다는 클래스에 있다. 시스템 명세서의 명사는 어떤 클래스가 필요한지를 찾아내는데 도움이 된다.

3.2 구조체 정의

C++의 클래스는 C의 struct가 발전한 것이다. 구조체의 약점이 클래스 등장의 배경이 된다. 구조체는 서로 다른 타입의 요소들로 구성된 집

합체이며, 다른 struct를 포함하기도 한다. 다음 struct 정의를 보자.

```
struct Time{
  int hour;
  int minute;
  int second;
};
```

구조체 이름은 Time이고 태그(structure tag)라고도 한다. 중괄호 안에 선언된 것들은 구조체의 멤버이다. Time 내에 세 개의 멤버(hour, minute, second)가 있다. 구조체의 멤버는 어떤 타입이라도 가능하기 때문에 서로 다른 많은 타입의 멤버를 포함할 수 있다. 그러나 그 자체의 실례(intance)는 포함할 수 없다. 예를 들어 타입 Time은 구조체 Time 내에 선언될 수 없다. 하지만 다른 Time 구조체에 대한 포인터는 포함될 수 있다. 구조체가 같은 구조체 타입의 포인터를 멤버로 가질 때 자기-참조 구조체(self-referential structure)라고 한다. 자기-참조 구조체는 연결 리스트(linked-list), 큐, 스택, 트리와 같은 연결 데이터 구조를 이루는 데 사용된다.

구조체 정의만으로는 기억장소의 공간을 마련하지 못한다. 정의는 변수를 선언하기 위해 새로운 자료형을 선언할 뿐이다. 다음 선언문은

```
Time timeObject, timeArray[ 10 ], *timePtr,
    &timeRef = timeObject;
```

Time의 변수인 timeObject와 배열 timeArray[10], Time에 대한 포인터 timePtr, 그리고 timeObject를 초기값으로 하는 timeRef를 참조로 선언한 것이다.

구조체 멤버(또는 클래스)는 점 연산자(.) 혹은 화살표 연산자(->)를 사용하여 접근 가능하다. 점 연산자 앞에는 객체명(또는 변수명)을 두고 뒤에는 구조체의 멤버를 두어 접근한다. 예를 들어, 구조체 timeObject의 멤버 hour를 출력하려면 다음 문장처럼 하고,

```
cout << timeObject.hour;
```

timeRef로 참조하려면 다음과 같이 하면 된다.

```
cout << timeRef.hour;
```

화살표 연산자는 객체에 대한 포인터를 통하여 구조체의 멤버에 접근하게 한다. 포인터 timePtr이 Time 객체를 가리키도록 선언되고, timePtr에 구조체 timeObject의 주소를 대입하였다고 가정하면 포인터 timePtr이 가리키는 구조체 timeObject의 멤버 hour를 출력하기 위해, 다음과 같이 사용하면 된다.

```
timePtr = &timeObject;
cout << timePtr->hour;
```

timePtr->hour은 (*timePtr).hour와 같다. 후자의 괄호는 점 연산자가 포인터의 내용참조 연산자(*)보다 우선순위가 높기 때문이다. 화살표 연산자와 점 연산자는 두 번째 높은 우선순위를 가지며 모두 좌결합법칙을 갖는다. 만약 (*timePtr).hour에서 괄호를 빼면 *(timePtr.hour)이 된다.

그림 3.1은 구조체 타입 Time을 정의한 다음, Time 타입의 객체 dinnerTime을 선언했다. 그리고 군사용 포맷(또는 "유니버셜 포맷"이라

고도 함)과 표준 포맷으로 시간을 출력하는 프로그램이다.

```
// 구조체의 생성과 인쇄

#include <iostream>

using std::cout;
using std::endl;

struct Time {    // 구조체 정의
   int hour;
   int minute;
   int second;
};

void printMilitary( const Time & );  // 프로토타입
void printStandard( const Time & );  // 프로토타입

int main ()
{
   Time dinnerTime;  // Time 형의 변수 선언

   // 초기화
   dinnerTime.hour = 18;
   dinnerTime.minute = 30;
   dinnerTime.second = 0;

   cout << "Dinner will be held at ";
   printMilitary( dinnerTime );
   cout << "Military time,₩nwhich is ";
   printStandard( dinnerTime );
   cout << "standard time.₩n";

```

```
    // 잘못된 초기화
    dinnerTime.hour = 29;
    dinnerTime.minute = 73;

    cout << "nTime with invalid values: ";
    printMilitary( dinnerTime );
    cout << endl;
    return 0;
}

// 군사형 포맷으로 출력
void printMilitary( const Time &t )
{
    cout << ( t.hour < 10 ? "0" : "" ) << t.hour << ":"
         << ( t.minute < 10 ? "0" : "" ) << t.minute;
}

// 표준형 포맷으로 출력
void printStandard( const Time &t )
{
    cout << ( ( t.hour == 0 || t.hour == 12 ) ?
              12 : t.houe % 12 )
         << ":" << ( t.minute < 10 ? "0" : "" ) << t.minute
         << ":" << ( t.second < 10 ? "0" : "" ) << t.second
         << ( t.hour < 12 ? " AM" : " PM" );

```

```
Dinner will be held at 18:30 military time,
which is 6:30:00 PM standard time.
Time with invalid values: 29:73
```

그림 3.1 구조체의 생성과 인쇄

3.3 클래스 정의와 객체의 선언

클래스에는 속성(또는 데이터 멤버)과 연산(또는 멤버 함수)을 포함된다. C++에서는 class라는 키워드를 사용하여 클래스 타입을 선언한다. 멤버 함수를 다른 객체지향 프로그래밍 언어에서는 메소드(method)라고 불리는데 객체가 보낸 메시지(message)에 의해 호출된다. 메시지는 한 객체가 다른 객체에 보낸 함수 호출과 같은 것이다.

클래스가 정의되면 그 클래스의 이름을 사용하여 객체를 선언할 수 있다. 그림 3.2는 클래스 Time을 정의한 것이다. 클래스 정의는 중괄호로 시작하고, 닫은 다음 뒤에 세미콜론을 넣어야 한다. Time 구조체와 마찬가지로 세 개의 멤버 hour, minute, second가 포함되어 있다.

public과 private는 멤버 접근 명세서(member access specifier)라는 것이며 public은 데이터 멤버나 멤버 함수를 프로그램 어디에서나 접근 가능하게 한다. private은 데이터 멤버와 멤버 함수를 그 클래스가 속한 멤버 함수를 통해서만 접근 가능하게 한다. protected 상속과 관계가 있으므로 상속을 설명할 때 다루게 된다. 함수 Time(), setTime(), printMilitary(), printStandard()들은 public으로 선언되어 있고 클래스 내에서 public 서비스 즉, public 인터페이스 역할을 한다. 클라이언트(client, 사용자 프로그램)가 이 함수들을 이용한다.

클래스와 같은 이름의 멤버 함수를 생성자(constructor)라고 하고, 생성자는 클래스 객체의 데이터 멤버를 초기화하며 클래스의 객체가 생성될 때 자동으로 호출된다. 한 클래스에 대해 여러 생성자가 있을 수 있는데 이것은 함수 중첩을 통해 이루어진다. 생성자는 반환 타입을 명시할 필요가 없다. 생성자가 반환 타입이나 반환 값을 가지면 구문오류이다.

private으로 선언된 데이터 멤버는 오직 멤버 함수에 의해서만 접근 가능하다. (다음 장에서 설명할 프렌드도 가능) 일반적으로 데이터 멤버는 private로 선언되고 멤버 함수는 public으로 선언된다. 가끔 멤버 함수가 private으로, 데이터 멤버가 public으로 선언되기도 하지만, 매우 이례적인 것으로 좋은 프로그래밍 습관이라 할 수 없다.

클래스를 이용해서 객체를 만들려면 다음과 같이 선언하면 된다.

```
Time sunset,                      // 타입 Time의 객체
     arrayOfTimes[ 5 ],           // Time 객체의 배열
     *pointerToTime,              // Time 객체에 대한 포인터
     &dinnerTime = sunset;        // Time 객체에 대한 참조
```

클래스 이름이 새로운 타입 명세로 사용되었다. int 타입으로 많은 변수를 만들 수 있는 것처럼 클래스 Time 타입으로 다수의 객체를 만들 수 있다.

그림 3.2는 Time 클래스를 정의하고 그것에 대한 객체 t를 생성한 것이다. 객체가 생성될 때는 Time 생성자가 자동으로 호출되고, private 데이터 멤버가 0으로 초기화된다. 멤버들이 제대로 초기화되었는지 확인하기 위해 군사용과 표준 양식으로 시간을 인쇄했다. setTime 멤버 함수를 이용해서 시간을 설정하고 다시 두 가지 양식으로 인쇄한다. setTime이 잘못된 시간을 설정하도록 하고 다시 두 가지 양식으로 인쇄해 본다.

private으로 선언된 데이터 멤버 hour, minute, second는 클래스 외부에서 접근할 수 없다(프렌드를 통해 외부에서 private을 접근하는 방법이 있다). 클래스 내의 데이터는 외부로부터 감추어져 있다(hidden)고

하고 정보은닉(information hiding)이라고 표현한다.

```
// 클래스 Time

#include <isotream>

using std::cout;
using std::endl;

// Time 추상 자료형(ADT:abstract data type)
class Time {
public:
   Time();                          // 생성자
   void setTime( int, int, int );
   void printMilitary();
   void printStandard();
private:
   int hour;
   int minute;
   int second;
};

// Time 생성자는 각 데이터 멤버를 0으로 초기화하고
// 모든 Time 객체가 일관성을 유지한 상태로 생성되도록 한다
Time::Time() { hore = minute = second = 0; }

// 범용 시간으로 새로운 Time 값을 설정하고
// 데이터 값이 유효한지 검사한다. 잘못된 값은 0으로 설정
void Time::setTime( int h, int m, int s )
{
   hour = {h >= && h < 24 ) ? h : 0;
   minute = ( m >= 0 && m < 60 ) > m : 0;
   second = ( s >= 0 && s < 60 )? s : 0;
```

```
}

// 군사용 형식으로 시간 출력
void Time::printMilitary()
{
   cout << ( hour < 10 ? "0" : "" ) << hour << ":"
        << ( minute < 10 ? "0" : "" ) << minute;
}

// 표준 형식으로 시간 출력
void Time::printStandard()
{
   cout << ( ( hour == 0 || hour == 12 )? 12 : hour % 12 )
        << ":" << ( minute < 10 ? "0" : "" ) << minute
        << ":" << ( second < 10 ? "0" : "" ) << second
        << ( hour < 12 ? " AM" : " PM" );
}

// 드라이버 루틴
int main()
{
   Time t;  // Time 클래스에 대한 객체 t 생성

   cout << "The initial military time is ";
   t.printMilitary();
   cout << "₩nThe initial standard time is ";
   t.printStandard();

   t.setTime( 13, 27, 6 );
   cout << "₩n₩nMilitary time after setTime is ";
   t.printMilitary();
   cout << "₩nStandard time after setTime is ";
   t.printStandard();

```

```
66   t.setTime( 99, 99, 99 );  // 잘못된 값 설정 시도
67   cout << "₩n₩nAfter attempting invalid settings:"
68        << "₩nMilitary time: ";
69   t.printMilitary();
70   cout << "₩nStandard time: ";
71   t.printStandard();
72   cout << endl;
73   return 0;
74 }
```

```
The initial military time is 00:00
The initial standard time is 12:00:00 AM

Military time after SetTime is 13:27
Standard time after SetTime is 1:27:06 PM

After attempting invalid settings:
Military time: 00:00
Standard time: 12:00:00 AM
```

그림 3.2 클래스 Time

클래스와 같은 이름의 함수로서 틸트(~)가 붙어있는 것은 소멸자(destructor)이다. 소멸자는 객체에 대한 메모리를 반환한다. 소멸자는 인수를 가질 수 없고 중첩되지 않는다. 생성자와 소멸자에 대해서는 다음에 자세히 다룬다.

그림 3.2의 23, 27, 35, 42번 줄에 영역 해결 연산자(scope resolution operator ::)가 사용되고 있다. 각 멤버 함수는 클래스 몸체 내에서 정의될 수도 있지만, 클래스 몸체 바깥에서 정의될 수도 있다. 클래스 몸체 바깥에서 멤버 함수를 정의할 때 클래스 이름과 함수 이름 사이에 영역 해결 연산자(::)를 넣는다. 다른 클래스에서 같은 이름의 멤버를 가질 수도 있기 때문에 영역 해결 연산자를 사용하여 어느 클래스에

속한 멤버인 지를 식별할 수 있게 하는 것이다. 클래스 내에서 선언된 멤버 함수가 클래스 바깥에서 정의되었다 하더라도, 멤버 함수는 그 클래스 영역 내에 있는 것이다. 즉 그 이름은 클래스 내의 다른 멤버들에게만 알려져 있다.

만약 멤버 함수가 클래스 정의 내에서 정의되었다면 그 함수는 자동으로 인라인(inline)이 된다. 클래스 정의 바깥에서 정의한 멤버 함수를 인라인으로 하려면 inline라는 키워드를 사용해야 한다.

printMilitary()와 printStandard()가 인수를 갖지 않는다. 이것은 Time 객체의 데이터 멤버를 출력한다는 것을 이 함수들이 알고 있기 때문이고 이렇게 함으로써 절차적 프로그래밍에서의 함수 호출보다 훨씬 간결한 함수 호출이 될 수 있다. 객체지향언어에서는 훨씬 적은 인수를 사용함으로써 잘못된 인수 전달의 가능성을 줄일 수 있다.

클래스는 클라이언트로 하여금 객체 내에 포함된 연산에만 관심을 갖도록 함으로써 프로그래밍을 단순화시킨다. 클라이언트는 클래스 구현에 대해서는 알 필요가 없다. 인터페이스도 바뀌기는 하지만 구현보다 자주 바뀌지는 않는다. 만약에 구현중심의 코드가 있다면, 구현이 바뀔 때 따라서 바뀌어야 한다. 구현을 숨김으로써 구현의 세부 사항에 의존하는 부분들을 제거할 수 있다.

3.4 클래스의 범위와 클래스 멤버 접근하기

클래스 범위 내의 멤버(데이터든지 함수든지)는 멤버 함수로부터 직접 접근될 수 있으며 이름으로도 참조될 수 있다. 클래스 범위 밖에서는 객체의 핸들(객체 이름, 객체에 대한 참조, 혹은 객체에 대한 포인터) 중 하나를 통해서만 참조된다.

멤버 함수 내에서 정의된 변수는 함수 영역(function scope)을 갖는다. 단지 그 함수에만 알려져 있다는 뜻이다. 만약 멤버 함수 내에서 클래스의 변수와 같은 이름의 변수를 정의하면, 클래스 범위 변수는 감추어지고, 함수 내에서 정의된 변수가 사용된다. 감추어진 클래스 변수를 접근하려고 하면 범위해결 연산자(::) 다음에 클래스 이름을 주고 점 연산자나 화살표 연산자를 사용하여 접근하면 된다. 전역 변수는 단항(unary) 영역 해결 연산자(::)를 사용하여 접근할 수 있다.

클래스 멤버를 접근하는 데 사용되는 연산자는 구조체 멤버를 접근하는 데 사용하는 연산자와 같다. 점 멤버선택 연산자(.)는 객체의 이름 혹은 객체에 대한 참조와 결합하여 사용되며, 화살표 멤버선택 연산자(->)는 객체에 대한 포인터와 결합하여 사용된다.

그림 3.3은 Count라는 클래스 내에 public 데이터 x와 public 함수 print()를 선언하고 멤버 선택 연산자를 사용하여 클래스의 멤버에 접근하는 예를 보인 것이다. 클래스 Counter로 세 개의 변수—counter, counterRef, 그리고 counterPtr—를 선언하였다. 변수 counterRef는 counter에 대한 참조로 정의되고, counterPtr은 counter에 대한 포인터로 정의된다. 여기서는 public 멤버가 핸들(즉, 이름, 참조, 혹은 포인터)

에 의해 어떻게 접근되는 지를 보이기 위해, x를 public으로 선언하였다. 대부분은 데이터가 private으로 선언되어 있다. 나중에 상속을 설명할 때, protected 선언에 대해 설명한다.

```
// . 연산자와 -> 연산자를 이용한 클래스 멤버 접근의 예
//
// 주의: 앞으로의 예제에서는 public data의 사용을 피한다
//
#include <isotream>

using std::cout;
using std::endl;

// Count 클래스 정의
class Count {
public:
   int x;
   void print() { cout << x << endl; }
};

int main()
{
   Count counter,                    // counter 객체 생성
        *counterPtr = &counter,   // counter에 대한 포인터 생성
        *counterRef = &counter;   // counter에 대한 참조 생성

   cout << "Assign 7 to x and print using the object's name: ";
   counter.x = 7;        // 데이터 멤버 x에 7 대입
   counter.print();     // 함수 print() 호출

   cout << "Assign 8 to x and print using a reference: ";
   counterRef.x = 8;    // 데이터 멤버 x에 8 대입
```

```
    counterRef.print(); // 함수 print() 호출

    cout << "Assign 10 to x and print using a pointer: ";
    counterPtr->x = 10;    // 데이터 멤버 x에 10 대입
    counterPtr->print();  // 함수 print() 호출
    return 0;
}
```

```
Assign 7 to x and print using the object's name: 7
Assign 8 to x and print using a reference: 8
Assign 10 t0 x and print using a pointer: 10
```

그림 3.3 연산자와 -> 연산자를 이용한 클래스 멤버 접근의 예

3.5 인터페이스와 구현의 분리

소프트웨어공학의 기본적인 원리 중의 하나는 인터페이스를 구현으로부터 분리하는 것이다. 구현의 변경이 클라이언트에 영향을 주어서는 안된다. 인터페이스를 변경했을 때 클라이언트가 영향을 받는다. 이것은 프로그램의 수정을 보다 쉽게 한다.

그림 3.4는 그림 3.2의 프로그램을 여러 개의 파일로 분리한 것이다. C++ 프로그램할 때 보통 클래스 정의는 헤더 파일에 두며 멤버함수 정의는 같은 이름의 소스 코드 파일에 둔다. 헤더 파일은 그 클래스를 사용하는 각 파일에 #include를 통해 포함한다. 컴파일이 끝난 후 컴파일러 설명서를 보면 여러 개의 소스 파일이 어떻게 링크되는지를 알 수 있다.

그림 3.4는 클래스 Time이 선언된 헤더 파일 time.h와, 클래스 Time의 멤버함수가 정의된 파일 time.cpp와 main이 정의된 파일 main.cpp로 이루어져 있다.

```
// time.h: Time 클래스 선언
// 멤버 함수는 time.cpp에서 정의

// 헤더파일이 여러 번 포함되는 것을 방지함
#ifndef TIME_H
#define TIME_H

// Time 추상 데이터 타입 정의
class Time {
public:
   Time();                          // 생성자
   void setTime( int, int, int );
   void printMilitary();
   void printStandard();
private:
   int hour;
   int minute;
   int second;
};

#endif
```

그림 3.5 Time 클래스 인터페이스—time.h

```
// time.cpp: 멤버 함수 정의

#include <iostrem>

using std::cout;
```

```cpp
#include "time.h"

// Time 생성자는 각 데이터 멤버를 0으로 초기화하고
// 모든 Time 객체가 일관성을 유지한 상태로 생성되도록 한다
Time::Time() { hour = minute = second = 0; }

// 범용 시간으로 새로운 Time 값을 설정하고
// 데이터 값이 유효한지 검사한다. 잘못된 값은 0으로 설정
void Time::setTime( int h, int m, int s )
{
   hour   = ( h >= 0 && h < 24 ) ? h : 0;
   minute = ( m >= 0 && m < 60 ) ? m : 0;
   second = ( s >= 0 && s < 60 ) ? s : 0;
}

// 군사용으로 출력
void Time::printMilitary()
{
   cout << ( hour < 10 ? "0" : "" ) << hour << ":"
        << ( minute < 10 ? "0" : "" ) << minute;
}

// 표준형으로 출력
void Time::printStandard()
{
   cout << ( ( hour == 0 || hour == 12 ) ? 12 : hour % 12 )
        << ":" << ( minute < 10 ? "0" : "" ) << minute
        << ":" << ( second < 10 ? "0" : "" ) << second
        << ( hour < 12 ? " AM" : " PM" );
}
```

그림 3.5 Time 클래스의 구현—time.cpp

```
// main.cpp: Time 클래스에 대한 드라이버
// 주의 : time.cpp와 함께 컴파일 해야 함

#include <iostrem>

using std::cout;
using std::endl;

#include "time1.h"

// Time 클래스를 테스트하는 드라이버
int main()
{
   Time t;   // 객체 t를 생성

   cout <<"The initial military time is ";
   t.printMilitary();
   cout << "₩nThe initial standard tims is ";
   t.printStandard();

   t.setTime( 13, 27, 6 );
   cout << "n₩nMilitary time after setTime is ";
   t.printMilitary();
   cout << "₩nStandard time after setTime is ";
   t.printStandard();

   t.setTime( 99, 99, 99 );   // 잘못된 값
   cout << "n₩nAfter attempting Invalid settings:₩n"
        << "Military time: ";
   t.printMilitary();
   cout << "n₩Standard time: ";
   t.printStandard();
   cout << endl;
   return 0;
```

```
}
```

```
The initial military time is 00:00
The initial standard time is 12:00:00 AM

Military time after setTime is 13:27
Standard time after setTime is 1:27:06 PM

After attempting invalid settings:
Military time: 00:00
Standard time: 12:00:00 AM
```

그림 3.5 드라이버 루틴—main.cpp

클래스 선언에 다음의 코드가 추가되어 있다.

```
// 헤더파일이 여러 번 포함되는 것을 방지함
#ifndef TIME_H
#define TIME_H
 ...
 #endif
```

이것은 #ifndef와 #endif 사이의 코드가 여러 번 포함되는 것을 방지한다. 만일 헤더가 파일 내에 포함되지 않았다면, #define에 의해 TIME_H가 정의되고, 헤더 파일 문장이 포함된다. 고의적으로 그런 것은 아니지만 헤더가 여러 번 포함되면 헤더 파일이 다른 헤더 파일을 포함하는 큰 프로그램에서 일어날 수 있다. 프리프로세서 지시자의 상수명에 점 대신 밑줄을 사용하고 있다.

3.6 멤버에 대한 접근 제어

멤버 접근 명세는 public과 private, protected가 있다. 이중 protected는 상속에서 다루게 되고, 우선 private는 클래스 내에서만 접근 가능한 멤버를 말한다. 디폴트 접근 모드는 private이기 때문에 접근 명세가 나타나기 전의 모든 멤버는 private이다. 한 번 멤버 접근 명세가 나타나 모드가 정해지면 다음 멤버 접근 명세가 나오거나 오른쪽 중괄호(})가 나올 때까지 유효하다. 멤버 접근 명세 public, private와 protected는 반복 사용할 수 있지만 혼란스럽기 때문에 대부분 한번만 사용한다.

public 멤버는 프로그램의 어떤 함수에서나 접근 가능하다. public으로 선언하는 목적은 클라이언트에게 클래스가 마련한 서비스를 사용 가능하게 하는 것이다. 이 서비스는 클래스의 public 인터페이스를 마련한다. 클라이언트는 클래스가 어떻게 일을 수행하는지 관여할 필요가 없다.

public과 private 멤버 접근 명세는 반복 사용될 수 있으며 서로 섞일 수도 있다. 하지만 public 멤버를 먼저 그룹지어 적고 다음에 private 멤버를 그룹지어 적는 것이 좋다. 이렇게 함으로써 클라이언트가 구현보다는 public 인터페이스에 주의를 기울이도록 할 수 있다. 데이터 멤버는 주로 private으로 선언하고, public 멤버 함수를 사용하여 private 데이터 멤버에 값을 주거나 값을 받아 오도록 한다. 이렇게 함으로써 클래스의 구현을 클라이언트로부터 숨기고 버그를 감소시키고 프로그램 변경을 쉽게 한다.

그림 3.6은 private 멤버를 접근하는 것은 public 멤버 함수를 사용한 public 인터페이스를 통해서만 가능하다는 것을 보여주는 예이다. 이 프로그램이 컴파일될 때 두 가지 오류가 생기는데 둘다 private 멤버들을 직접 접근하기 때문에 생기는 오류이다. 그림 3.6은 time.h를 인클루드하고 그림 3.5의 time.cpp와 함께 컴파일해야 한다.

```
// main.cpp
// private 멤버를 잘못 접근한 예

#include <iostream>

using std::cout;

#include "time1.h"

int main()
{
   Time t;

   // Error: 'Time::hour' 접근할 수 없음
   t.hour = 7;

   // Error: 'Time::minute' 접근할 수 없음
   cout << "minute = " << t.minute;

return 0;
}
```

```
Compiling…
main.cpp
D:₩main.cpp(15) : error C2248: 'hour' : cannot access private
member declared in class 'Time'
```

```
D:₩main₩time.h(18) : see declaration of 'hour'
D:₩main.cpp(18) : error C2248: 'minute' : cannot access private
member declared in class 'Time'
D:₩time.h(19) : see declaration of 'minute'
Error executing cl.exe.

test.exe - 2 error(s), 0 warning(s)
```

그림 3.6 private 멤버를 잘못 접근한 예

private 데이터라는 것은 클라이언트가 그 데이터를 변경시킬 수 없다는 뜻은 아니다. private 데이터는 멤버 함수 혹은 그 클래스의 프렌드에 의해 변경될 수 있다. private 데이터에 대해 접근하는 함수를 접근 함수라고 하는데 예를 들어, get(), set() 함수가 있다. get()은 private 데이터의 값을 클라이언트가 읽도록 하기 위해서 함수이며, set()은 private 데이터를 변경하는 함수이다. 이러한 변경은 private의 개념에 위배될지 모르지만 set()은 set 되는 값이 합리적임을 검증하는 기능이 있다.

3.7 접근 함수와 유틸리티 함수

모든 멤버함수를 클래스의 인터페이스로 삼기 위해 public으로 선언할 필요는 없다. 멤버 함수를 private으로 선언하고 클래스 내의 다른 함수에 대한 유틸리티(utility) 함수로 사용할 수 있다.

접근 함수(access function)는 데이터를 읽거나 표시할 수 있다. 또 다른 용도는 조건의 참 또는 거짓을 판단하는 것이다. 그런 함수는 술어 함수(predicate function)라고 한다. 술어 함수의 예는 링크드 리스트, 스택 또는 큐 같은 컨테이너 클래스—많은 객체를 가질 수 있는 클래스—에 대한 isEmpty 함수이다. 프로그램은 컨테이너 객체로부터 다른 항목을 읽기 전에 isEmpty를 테스트한다. isFull 술어 함수는 컨테이너 클래스 객체가 여분의 공간을 갖고 있는지 테스트하는 것이다. Time 클래스에 사용된 술어 함수는 isAM와 isPM이다.

그림 3.7은 유틸리티 함수(혹은 도우미 함수라고 부름)의 개념을 보여준다. 유틸리티 함수는 클래스 인터페이스를 위한 public 함수가 아니라 다른 멤버 함수를 지원하기 위한 private 함수이다. 유틸리티 함수는 클라이언트가 사용하는 것이 아니다.

```
// salesp.h: SalesPerson 클래스 정의
// 멤버함수는 salesp.cpp에 정의되어 있음

#ifndef SALESP_H
#define SALESP_H

class SaledPerson {
public:
   SalesPerson();                 // 생성자
   void getSalesFromUser();   // 키보드에서 판매액을 입력
   void setSales( int, double ); // 월 판매액 설정

   void printAnnualSales();

private:
   double totalAnnualSales();    // 유틸리티 함수
```

```
    double sales[ 12 ];             // 12개월 판매액
};

#endif
```

그림 3.7 유틸리티 함수의 사용—salesp.h

```
// salesp.h: 멤버함수 정의

#include <iostream>

using std::cout;
using std::sin;
using std::end;

#include <iomanip>

using std::setprecision;
using std::setiosflags;
using std::ios;

#include "salesp.h"

// 생성자로 초기화
SalesPerson::SalesPerson()
{
    for ( int i = 0; i < 12; i++ )
        sales[ i ] = 0.0;
}

// 키보드에서
// 12개월의 판매액을 입력 받음
void SalesPerson::getSalesFromUser()
{
```

```
    double salesFigure;

    for( int i = 1; i <= 12; i++ ) {
      cout << "Enter sales amount for month " << i << ": ";

      cin >> salesFigure;
      setSales( i, salesFigure );
    }
}

// 12개월 중 한 달의 판매액 설정
// sales 배열에 값을 제대로 입력하기 위해 month 값에서 1을 뺌
void SalesPerson::setSales( int month, double amount )
{
   if ( month >= 1 && month <=12 && amount > 0 )
     sales[ month - 1 ] = amount;  // 배열의 색인을 0-11로
   else
     cout << "Invalid month or sales figure" << endl;
}

// 연간 판매액을 출력
void SalesPerson::printAnnualSales()
{
   cout << setprecision( 2 )
        << setiosflags( ios::fixed | ios::showpoint )
        << "₩nThe total annual sales are: $"
        << totalAnnualSales() << endl;
}

// 연간 판매액 총액을 구함
double SalesPerson::totalAnnualSales()
{
   double total = 0.0;

```

```
    for ( int i = 0; i < 12; i++ )
        total += sales[ i ];

    return total;
}
```

그림 3.7 유틸리티 함수의 사용—salesp.cpp

```
// salesp.h: 유틸리티 함수의 예시
// salesp.cpp와 함께 컴파일해야 함.

#include "salesp.h"

int main()
{
    SalesPerson s;            // 객체 s를 생성

    s.getSalesFromUser();
    s.printAnnualSales();
    return 0;
}
```

```
Enter sales amount for month 1: 5314.76
Enter sales amount for month 2: 4292.38
Enter sales amount for month 3: 4589.83
Enter sales amount for month 4: 5534.03
Enter sales amount for month 5: 4376.34
Enter sales amount for month 6: 5698.45
Enter sales amount for month 7: 4439.34
Enter sales amount for month 8: 5893.57
Enter sales amount for month 9: 4909.67
Enter sales amount for month 10: 5123.45
Enter sales amount for month 11: 4024.97
Enter sales amount for month 12: 5923.92

The total annual sales are: $60120.59
```

그림 3.7 유틸리티 함수의 사용—main.cpp

클래스 Salesperson는 12개월간의 판매 금액을 저장하기 위한 배열을 갖고 생성자에 의해 0으로 초기화된다. 다음에 함수 setSales에 의해 사용자가 입력한 값을 저장한다. public 멤버 함수 printAnnualSales는 지난 12개월 동안의 총 판매액을 출력한다. 유틸리티 함수 totalAnnualSales는 printAnnualSales를 위하여 12개월 동안의 총 판매액을 합산한다. printAnnualSales는 달러 양식으로 판매 금액을 편집하고 출력한다. main은 단순히 멤버 함수를 호출하는 것 뿐이다.

3.8 생성자

클래스 객체가 만들어질 때 객체의 멤버는 생성자 함수에 의해 초기화된다. 생성자는 클래스와 같은 이름을 가진 멤버 함수이다. 클래스의 객체가 생성될 때 자동으로 호출되면서 객체를 초기화한다. 멤버 데이터는 생성자에 의해 초기화되든가 아니면 객체가 생성된 후에 그 값이 지정되든가 해야 한다. 그러나 객체의 함수를 호출하기 전에 객체를 확실히 초기화하는 것이 좋은 프로그래밍 습관이며 보다 소프트웨어 공학적이다.

그림 3.8의 time.cpp의 생성자는 hour, minute 그리고 second를 0으로 초기화한다. 생성자는 디폴트의 인수를 포함하기도 한다. 생성자에 대해 디폴트의 인수를 사용함으로써 생성자 호출시 아무런 값이 없어도 객체를 일관성있게 초기화 할 수 있다. 디폴트 인수를 사용하는 생성자

를 디폴트 생성자(default constructor)라고 한다. 디폴트 생성자는 클래스당 단 하나만 존재할 수 있다.

이 프로그램에서 생성자는 setTime을 호출하여 hour가 0부터 23의 범위에 있는지 그리고 minute와 second가 0부터 59의 범위에 있는지 확인한다. 만약 범위 밖에 있으면 setTime을 0으로 한다. 이것은 setTime을 여러 번 호출하는 것을 막을 수 있기 때문에 보다 효율적이다. 물론 호출문 대신 Time 생성자에서 직접 초기값을 줄 수 있지만, setTime을 호출하는 것이 유지 보수를 용이하게 한다. Time을 inline으로 선언하거나 혹은 클래스 정의 내에서 생성자를 정의하면(이것은 암시적 inline 정의가 된다) Time 생성자의 성능을 높일 수 있다.

```
// time.h:Time 클래스 선언
// 멤버 함수는 time.cpp에서 정의

// 헤더파일이 여러 번 포함되는 것을 방지함
#ifndef TIME_H
#define TIME_H

// Time 추상 데이터 타입 선언
class Time {
public:
   Time( int = 0; int = 0; int = 0 );   // 생성자
   void setTime( int, int, int ),
   void printMilitary();
   void printStandard();
private:
   int hour:
   int minute:
   int second:
```

```
};

#endif
```

그림 3.8 디폴트 인수를 갖는 생성자의 사용—time.h

```
// time.cpp: 멤버 함수 정의

#include <iostream>

using sed::cout;

#include "time.h"

// Time 생성자: 멤버 데이터를 0으로 초기화
// 모든 Time 객체가 일관성을 유지한 상태로 생성되도록 한다
Time::Time() { hour = minute = second = 0; }

// 범용 시간으로 새로운 Time 값을 설정하고
// 데이터 값이 유효한지 검사한다. 잘못된 값은 0으로 설정
void Time::setTime( int h, int m, int s )
{
   hour   = ( h >= && h < 24 ) ? h : 0;
   minute = ( m >= 0 && m < 60 ) ? m : 0;
   second = ( s >= 0 && s < 60 ) ? s : 0;
}

// 군사용으로 출력
void Time::printMilitary()
{
   cout << ( hour < 10 ? "0" : "" ) << hour << ":"
        << ( minute < 10 ? "0" : "" ) << minute;
}

```

```
// 표준형으로 출력
void Time::printStandard()
{
   cout << ( ( hour == 0 || hour == 12 ) ? 12 : hour % 12 )
        << ":" << (minute < 10 ? "0" : "" ) << minute
        << ":" << (second < 10 ? "0" : "" ) << second
        << ( hour < 12 ? " AM" : " PM" );
}
```

그림 3.8 디폴트 인수를 갖는 생성자의 사용—time.cpp

```
// main.cpp: Time 클래스에 대한 드라이버
// 주의 : time.cpp와 함께 컴파일 해야 함

#include <iostream>

using sed::cout;
using sed::endl;

#include "time.h"

int main()
{
   Time t1,              // 모두 디폴트 인수
        t2(2),           // 분과 초가 디폴트
        t3(21, 34),      // 초가 디폴트
        t4(12, 25, 42),  // 모두 명세됨
        t5(27, 74, 99);  // 모두 잘못된 병세

   cout << "Constructed with:₩n"
        << "all arguments defaulted:₩n   ";
   t1.printMilitary();
   cout << "₩n   ";
   t1.printStandard();
```

```
    cout << "₩nhour specified; minute and second defaulted:"
         << "₩n   ";
    t2.printMilitary();
    cout << "₩n   ";
    t2.printStandard();

    cout << "₩nhour and minute specified; second defaulted:"
         << "₩n   ";
    t3.printMilitary();
    cout << "₩n   ";
    t3.printStandard();

    cout << "₩nhour, minute, and second specified:"
         << "₩n   ";
    t4.printMilitary();
    cout << "₩n   ";
    t4.printStandard();

    cout << "₩nall invalid values specified:"
         << "₩n   ";
    t5.printMilitary();
    cout << "₩n   ";
    t5.printStandard();
    cout << endl;

    return 0;
}
```

```
Constructed with:
all arguments defaulted:
```

```
    00:00
    12:00:00 AM
hour specified; minute and second defaulted:
    02:00
    2:00:00 AM
hour and minute specified; second defaulted:
    21:34
    9:34:00 PM
hour, minute, and second specified:
    12:25
    12:25:42 PM
all invalid values specified:
    00:00
    12:00:00 AM
```

그림 3.8 디폴트 인수를 갖는 생성자의 사용—main.cpp

그림 3.8은 다섯 개의 Time 객체를 생성한다. 3개의 객체는 인수를 모두 디폴트로 사용하였고, 하나의 객체는 1개의 인수만 명세하였고, 한 것, 또 하나의 객체는 2개의 인수를 명세하였으며, 또 다른 객체는 3개의 인수를 명세하였고, 마지막 객체는 부적절한 3개의 인수를 명세한 것이다. 각 객체의 인스턴스(instance)를 만들고 초기화가 이루어진 후 데이터 멤버의 내용을 출력한다.

만일 아무 생성자도 정의되지 않으면 컴파일러는 디폴트 생성자를 만들어낸다. 디폴트 생성자는 초기화를 수행하지 않는다. 그래서 객체가 만들어질 때 일관성을 보장하지 못한다.

3.9 소멸자

소멸자(destructor)는 클래스의 특별한 멤버 함수이다. 소멸자는 틸트(~) 다음에 클래스와 같은 이름을 사용한다. 틸트(~)는 비트 단위 역 연산자(complement operator)에 사용되는 것이므로 소멸자는 생성자의 역(complement)이라는 의미이다. 소멸자는 객체가 해제될 때 호출된다. 즉, 객체가 생성된 범위를 벗어날 때 자동으로 해제되는 자동객체에 대해서 소멸자가 호출된다. 그러나 소멸자 자체가 객체를 해제하지는 않는다. 새로운 객체가 다시 메모리를 사용하도록 시스템이 메모리를 반환하기 전에 소멸자는 종료 하우스키핑(housekeeping; 시스템 운용 루틴)을 수행한다. 소멸자는 매개변수를 받지도 않고 값을 반환하지도 않는다. 클래스는 단 하나의 소멸자만을 갖는다. 소멸자 중첩은 없다.

생성자가 호출될 때는 전역 객체를 위한 생성자가 가장 먼저 호출된다. 해당하는 소멸자가 main이 종료될 때나 exit 함수가 수행될 때 호출된다. 만약 abort 함수를 사용해서 프로그램을 종료하면 전역 객체를 위한 소멸자는 호출되지 않는다.

다음에 실행이 객체가 정의되는 점에 도달하면 자동 지역 객체를 위한 생성자가 호출된다. 상응하는 소멸자는 객체가 그 범위에서 벗어날 때 호출된다. 자동 객체에 대한 생성자와 소멸자는 객체가 범위에 들어가고 벗어날 때 호출된다. 만약 exit 함수나 abort 함수를 사용해서 프로그램을 종료하면 자동 객체를 위한 소멸자는 호출되지 않는다.

static 지역 객체를 위해서는 실행이 객체가 정의된 지점에 첫번째 도달할 때만 생성자를 호출한다. 상응하는 소멸자는 main이 종료될 때나

exit 함수가 수행될 때 호출된다. abort 함수를 사용해서 프로그램을 종료하면 static 객체를 위한 소멸자는 호출되지 않는다.

그림 3.9는 CreateAndDestroy 타입의 객체가 여러 다양한 범위에서 생성되고 소멸되는 순서를 보여준다. 먼저 전역 범위에서 first를 정의한다. 그것의 생성자는 프로그램이 실행될 때 호출되고 소멸자는 모든 객체가 해제된 후 프로그램이 종료될 때 호출된다.

main에서 3개의 객체를 선언한다. second와 fourth는 지역 자동 객체이고, third는 static 객체이다. 세 개 객체의 생성자는 각 객체가 선언된 지점에 실행이 도달할 때 호출된다. second와 fourth의 소멸자는 main이 끝날 때 순서대로 호출된다. third는 static이기 때문에 프로그램 종료 때 해제된다. 그러므로 third의 소멸자는 (first 이외의) 다른 객체들이 모두 해제된 후에 호출된다.

```
// create.h: CreateAnDestory 클래스 정의
// 멤버함수는 create.cpp에 정의

#ifndef CREATE_H
#define CREATE_H

class CreateAndDestory {
public:
   CreateAndDestory( int );   // 생성자
   ~CreateAndDestory();       // 소멸자
private:
   int data;
};

#endif
```

그림 3.9 생성자와 소멸자가 호출되는 순서—create.h

```
// create.cpp: 멤버함수 정의

#include <iostream>

using std::cout;
using std::endl;

#include "create.h"

CreateAndDestroy::CreateAndDestroy( int value )

{
   data = value;
   cout << "Object " << data << "   constructor";
}

CreateAndDestroy::~CreateAndDestroy()
   { cout << "Object " << data << "   destructor " << endl; }
```

그림 3.9 생성자와 소멸자가 호출되는 순서—create.cpp

```
// main.cpp: 생성자와 소멸자가 호출되는 순서
// 를 보여주는 예제

#include <iostream>

using std::cout;
using std::endl;

#include "create.h"

void create( void );     // 프로토타입
```

```
CreateAndDestroy first( 1 );  // 전역 객체

int main()
{
   cout << "  (global created before main)" << endl;

   CreateAndDestroy second( 2 );        // 지역 객체
   cout << "  (local automatic in main)" << endl;

   static CreateAndDestroy third( 3 );  // 지역 객체
   cout << "  (local static in main)" << endl;

   create();

   CreateAndDestroy fourth( 4 );        // 지역 객체
   cout << "  (local automatic in main)" << endl;
   return 0;
}

// 객체 생성을 위한 함수
void create( void )
{
   CreateAndDestroy fifth( 5 );
   cout << "  (local automatic in create)" << endl;

   static CreateAndDestroy sixth( 6 );  // 지역 객체
   cout << "  (local static in create)" << endl;

   CreateAndDestroy seventh( 7 );
   cout << "  (local automatic in create)" << endl;
}
```

```
Object 1 constructor   (global created before main)
Object 2 constructor   (local automatic in main)
Object 3 constructor   (local static in main)
Object 4 constructor   (local automatic in create)
Object 5 constructor   (local automatic in create)
Object 6 constructor   (local static in create)
Object 7 constructor   (local automatic in create)
Object 7 destructor
Object 5 destructor
Object 4 destructor   (local automatic in main)
Object 4 destructor
Object 2 destructor
Object 6 destructor
Object 3 destructor
Object 1 destructor
```

그림 3.9 생성자와 소멸자가 호출되는 순서—main.cpp

함수 create는 세 개의 객체를 선언한다. fifth와 seventh는 지역 자동 객체이고, sixth는 static 지역 객체이다. seventh와 fifth를 위한 소멸자는 create의 끝에 도달하는 순서에 따라 호출된다. sixth의 소멸자는 third와 first의 소멸자가 이전에, 그리고 다른 객체들이 모두 해제된 후에 호출된다.

3.10 멤버 데이터와 멤버 함수의 사용

private 데이터는 멤버 함수에 의해서만(그리고 friend) 접근될 수 있다. 전형적인 예는 함수 computeInterest로 고객의 은행 잔고 즉,

BankAccount 클래스의 private 데이터 를 조정하는 것이다. 보통 클라이언트로 하여금 public 멤버 함수를 사용하여 private 데이터를 set(즉, write) 하거나 get(즉, read) 할 수 있게 한다. 이들 함수는 set과 get을 특별히 호출할 필요는 없지만 때로는 호출하기도 한다. 종종 데이터 멤버 interestRate를 set하는 함수를 setInterestRate라고 이름 붙이고, get하는 함수를 getInterestRate라고 이름 붙인다. get 함수를 "query" 함수라고도 한다.

set와 get을 사용하는 것은 데이터를 public으로 사용하는 것 처럼 보인다. 만일 데이터 멤버가 public이라면 프로그램 내의 어디에서든 데이터 멤버를 읽거나 쓸 수 있다. 만일 데이터 멤버가 private이라면 다른 함수가 public get 함수를 사용해서 데이터를 읽을 수 있도록 한다. public set 함수는 데이터의 값에 부적절한 값이 대입되는 지 따져서 적절한 값이 입력되도록 한다. 예를 들어 month의 날 수에 37을 set하거나 사람의 몸무게를 음수 값을 set하거나 숫자에 알파벳을 set하거나, 시험 점수를 185로 set하려고 하면 거절한다.

그림 3.10은 Time 클래스를 확장해서 hour, minute과 second private 데이터를 위한 get과 set 함수를 포함시켰다. set 함수는 데이터 멤버에 부정확한 값을 설정하려 하면 데이터 멤버를 0으로 한다. get 함수는 적당한 데이터 멤버의 값을 반환한다. 프로그램은 hour를 11:58:00으로 설정하고 incrementMinutes를 호출하여 minute을 3 증가한다. incrementMinutes은 get과 set 함수를 사용하여 minute 멤버를 바르게 증가하도록 하는 비멤버 함수이다. 이것은 여러 함수를 호출하는 부담이 있기는 하다. 다음 장에서, 부담을 제거하는 수단으로 friend 함수를 사용하는 방법을 설명한다.

```
// time.h: Time 클래스의 정의
// 멤버함수는 time.cpp에 정의되어 있음

// 헤더 파일이 여러번 포함되는 것을 방지
#ifndef TIME_H
#define TIME_H

class Time {
public:
   Time( int = 0, int = 0, int = 0 );  // 생성자

   // set 함수
   void setTime( int, int, int );
   void setHour( int );
   void setMinute( int );
   void setsecond( int );

   // get 함수
   int getHour();
   int getMinute();
   int getSecond();

   void printMilitary();
   void printStandard();

private:
   int hour;
   int minute;
   int second;
};

#endif
```

그림 3.10 set과 get 함수의 사용—time.h

```
// time.h: 멤버함수 정의

#include <iostream>

using std::cout;

#include "time.h"

// 생성자: setTime 함수를 호출해서 private data를 초기화
// 디폴트 값은 0

Time::Time( int hr, int min, int sec )
   { setTime( hr, min, sec );}

// hour, minute, second를 설정
void Time::setTime( int h, int m, int s )
{
   setHour( h );
   setMinute( m );
   setSecond( s );
}

// hour 값 설정
void Time::setHour( int h )
   { hour = ( h >= 0 && h < 24 ) ? h : 0; }

// minute 값 설정
void Time::setMinute( int m )
   { minute = ( m >= 0 && m < 60 ) ? m : 0; }

// second 값 설정
void Time::setSecond( int s )
   { second = ( s >= 0 && s < 60 ) ? s : 0; }

```

```
// hour 값 획득
int Time::getHour() { return hour; }

// minute 값 획득
int Time::getMinute() { return minute; }

// second 값 획득
int Time::getSecond() { return second; }

// 군사용으로 출력
void Time::printMilitary()
{
   cout << ( hour < 10 ? "0" : "" ) << hour << ":"
        << ( minute < 10 ? "0" : "" ) << minute;
}

// 표준형으로 출력
void Time::printSrtandard()
{
   cout << ( ( hour == 0 || hour == 12 ) ? 12 : hour % 12 )
        << ":" << ( minute < 10 ? "0" : "" ) << minute
        << ":" << ( second < 10 ? "0" : "" ) << second
        << ( hour < 12 ? " AM" : " PM" );
}
```

그림 3.10 set과 get 함수의 사용—time.cpp

```
// main.cpp: set과 get을 사용하는 예시

#include <iostream>

using std:cout;
using std:endl;

```

```
#include "time.h"

void increamentMinutes( Time &, const int );

int main()
{
   Time t;

   t.setHour( 17 );
   t.setMinute( 34 );
   t.setSecond( 25 );

   cout << "Result of setting all valid values:₩n"
        << "   Hour: " << t.getHour()
        << "   Minute: " << t.getMinute()
        << "   Second: " << t.getSecond();

   t.setHour( 234 );     // hour에 부적절한 값
   t.setMinute( 43 );
   t.setSecond( 6373 ); // second에 부적절한 값

   cout << "₩n₩nResult of attempting to set invalid hour and"
        << " second:₩n  Hour: " << t.getHour()
        << "  Minute: " << t.getMinute()
        << "  Second: " << t.getSecond() << "₩n₩n";

   t.setTime( 11, 58, 0 );
   incrementMinutes( t, 3 );

   return 0;
}

void incrementMinutes( Time &tt, const int count )
{
```

```
cout << "Incrementing minute " << count
     << " times:\nStart time: ";
tt.printStandard();

for ( int i = 0, i < count; i++ ) {
  tt.setMinute( ( tt.getMinute() + 1 )% 60 );

  if ( tt.getMinute() == 0 )
    tt.setHour( ( tt.getHour() + 1 ) % 24 );

  cout << "\nminute +1: ";
  tt.printStandard();
}

cout << endl;
}
```

```
Result of setting all valid values:
  Hour: 17 Minute: 34 Second: 25

Result of attempting to set invalid hour and second:
  Hour: 0 Minute: 43 Second: 0

Incrementing minute 3 times:
Start time: 11:58:00 AM
minute + 1: 11:59:00 AM
minute + 1: 12:00:00 PM
minute + 1: 12:01:00 PM
```

그림 3.10 set과 get 함수의 사용—main.cpp

set과 get 멤버 함수로 private 데이터를 접근하는 것은 데이터가 부적절한 값을 받는 것을 방지하며, 클라이언트를 데이터 멤버와 격리시킨다. 이렇게 하면 데이터 표현이 바뀔 때 멤버 함수만 바꾸어주면 된다.

3.11 private 멤버 데이터에 참조를 반환하기

객체에 대한 참조(reference)는 객체의 이명(ailias)을 제공하며 할당문의 왼쪽편에 사용된다. 참조는 값을 받아들일 수 있는 lvalue이다. 이것을 사용하려면 public 멤버 함수가 private 데이터에 대한 non-const 참조를 반환하도록 하면 된다.

그림 3.11은 Time 클래스가 private 데이터에 대한 참조를 반환하는 것을 보여주고 있다. 여기서 함수 badSetHour의 반환은 private 데이터 hour에 대한 이명이고, 함수 호출은 할당문의 = 왼쪽 편에 사용하면 된다. 그러나 이렇게 하는 것은 좋은 프로그래밍 습관이라 할 수 없다. private 데이터에 포인터 또는 참조를 반환하는 것은 피해야 한다.

```
// time.h: Time 클래스를 선언
// time.cpp에 멤버함수 정의

// 헤더 파일이 여러번 포함되는 것을 방지
#ifndef TIME_H
#define TIME_H

class Time {
public:
   Time( int = 0, int = 0, int = 0 );
   void setTime( int, int, int );
   int getHour();
   int &badSetHour( int );   // 위험: 참조를 반환
private:
   int hour;
   int minute;
```

```
    int second;
};

#endif
```

그림 3.11 private 데이터 멤버에 참조를 반환하기—time.h

```
// time.cpp: 멤버함수 정의

#include "time.h"

Time::Time( int hr, int min, int sec )
    { setTime(  hr, min, sec ); }

// hour, minute, second 값 설정
void Time::setTime( int h, int m, int s )
{
    hour   = ( h >= 0 && h < 24 ) ? > h : 0;
    minute = ( m >= 0 && m < 60 ) ? > m : 0;
    second = ( s >= 0 && s < 60 ) ? > s : 0;
}

// hour 값 획득
int Time::getHour() { return hour; }

// 잘못된 프로그래밍 습관:
// private 데이터에 대한 참조를 반환하고 있음
int &Time::badSetHour( int hh )
{
    hour = ( hh >= 0 && hh < 24 ) ? hh : 0;

    return hour;   // 위험: 참조를 반환
}
```

그림 3.11 private 데이터 멤버에 참조를 반환하기—time.cpp

```
// main.cpp: public 멤버함수가
// private 데이터에 대한 참조를 반환하는 예시


#include <iostream>

using std::cout;
using std::endl;

#include "time.h"

int main()
{
   Time t;
   int &hourRef = t.badSetHour( 20 );

   cout << "Hour before modification: " << hourRef;
   hourRef = 30;
   cout << "₩nHour after modification: " << t.getHour();

   // 위험: 1value로 사용될 수 있도록 참조를 반환하는
   // 함수를 호출한다.
   t.badSetHour(12) = 74;
   cout << "₩n₩n"*********************************₩n"
        << "POOR PROGRAMMING PRACTICE!!!!!!!!₩n"
        << "badSetHour as an 1value, Hour: "
        << t.getHour()
        << "₩n**********************************" << endl;

  return 0;
}
```

```
Hour before modification: 20
Hour after modification: 30
```

```
********************************
POOR PROGRAMMING PRACTICE!!!!!!!!
badSetHour as an 1value, Hour: 74
********************************
```

그림 3.11 private 데이터 멤버에 참조를 반환하기—main.cpp

3.12 멤버별 복사

할당 연산자(=)는 객체를 같은 타입의 다른 객체에 대입하기 위해 사용된다. 그것은 멤버별 복사(memberwise copy)에 의해 수행된다. 멤버별 복사란 한 객체의 각 멤버가 다른 객체의 같은 멤버에게 개별적으로 복사된다는 의미이다. 동적 기억장소를 갖는 데이터 멤버에 대해서는 멤버별 복사가 심각한 문제를 유발할 수 있으므로 주의해야 한다. 이는 "연산자 중첩"에서 다룬다.

```
// 디폴트 멤버별 복사를 통해 한 객체를
// 다른 객체에 대입하는 예제

#include <iosteram>

using std::cout;
using std::endl;

// Date 클래스
```

```
class Date {
public:
    Date( int = 1, int = 1, int = 1990 ); // 디폴트 생성자
    void print();
private
    int month;
    int day;
    int year;
};

// 범위 검사없는 생성자
Date::Date( int m, int d, int y )
{
    month = m;
    day = d;
    year = y;
}

// mm-dd-yyyy 형식으로 출력
void Date::print()
    { cout << month << '-' << day << '-' << year; }

int main()
{
    Date date1( 7, 4, 1993 ), date2;  // d2는 디폴트로 1/1/90

    cout << "date1 = ";
    date1.print();
    cout << "₩ndate2 = ";
    date2.print();

    date2 = date1;  // 디폴트 멤버별 복사를 이용한 대입
    cout << "₩n₩nAftwe default memberwise copy, date2 = ";
    date2.print();
```

```
    cout << endl;

    return 0;
}
```

```
date1 = 7-4-1993
date2 = 1-1-1990

After default memberwise copy, date2 = 7-4-1993
```

그림 3.12 멤버별 복사를 사용한 대입

제4장

클래스와 프렌드 함수

제4장

Visual C++ 시작하기

4.1 const 객체와 const 멤버 함수

객체들의 값을 변경해서는 안될 경우, 키워드 const를 사용하여 객체를 변경할 수 없도록 지정할 수 있다. const로 지정된 객체를 변경하려하면 구문오류가 된다. 예를 들어,

```
const Time noon(12, 0, 0);
```

은 클래스 Time의 객체 noon을 const로 선언하고 정오 12시로 초기화한 것이다. 멤버함수가 const로 선언되어 있지 않은 경우에는 const 객체를 호출할 수 없으며, 이것은 객체를 변경시키지 않는 get 함수도 마찬가지이다. const로 선언된 멤버함수는 객체를 변경시킬 수 없다. 함수의 const 지정은, 매개변수 리스트 다음과 함수의 몸체가 시작되는 중괄호 전에 다음과 같이 넣어야 한다.

```
int A::getvalue() const {return privateDataMember };
```

생성자와 소멸자는 객체를 변경할 수 있어야 하므로, const로 선언해서는 안된다. 그림 4.1은 하나는 non-const 객체이고 하나는 const 객체인 두 개의 Time 객체에 대한 예를 보여주고 있다. 여기서는 const 객체 noon을 non-const 멤버함수 setHour와 printStandard로 변경하려고 한다. 또한 세 가지 다른 멤버함수 호출(non-const 객체에 대한 non-const 멤버함수 호출(라인 100), non-const 객체에 대한 const 멤버함수 호출(라인 104), const 객체에 대한 const 멤버함수 호출(라인 106, 107))을 보여주고 있다. 출력 화면은 const 객체에 대해 non-const 멤버함수를 호출한 경우 오류 혹은 경고 메시지가 출력됨을 보여준다.

생성자가 분명히 non-const 멤버함수이긴 하지만, const 객체를 위해 호출될 수 있음을 주의해야 한다. Time 생성자

```
Time::Time( int hr,  int min,  int sec )
  { setTime( hr,  min,  sec ); }
```

는 Time 객체의 초기화를 위해서 다른 non-const 멤버함수인 setTime을 호출한다. const 객체를 위한 생성자 호출에서 non-const 멤버함수 호출이 가능한 것을 보여준다.

```
noon.printStandard();  //non-const 함수,  const 객체
```

는 클래스 Time의 멤버함수 printStandard가 호출된 객체를 변경하지 않음에도 불구하고 컴파일 오류를 발생한다.

```
1  // time.h: Time 클래스 선언
```

```cpp
// 멤버함수는 time.cpp에 정의

#ifndef TIME_H
#define TIME_H

class Time {
public:
    Time( int = 0, int = 0, int = 0 );

    // set 함수
    void setTime( int, int, int );
    void setHour( int );
    void setMinute( int );
    void setSecond( int );

    // get 함수 (보통 const로 선언)
    int getHour() const;
    int getMinute() const;
    int getSecond() const;

    // 출력 함수 (보통 const로 선언)
    void printMilitary() const;
    void printStandard();
private:
    int hour;
    int minute;
    int second;
};

#endif
```

그림 4.1 const 객체와 const 멤버함수를 갖는 Time 클래스—time.h

```cpp
// time.cpp: 멤버함수 정의
```

```

#include <iostream>

using std::cout;

#include "time.h"

// 생성자, private 데이터를 초기화.
// 디폴트 값은 0
Time::Time( int hr, int min, int sec )
   { setTime( hr, min, sec ); }

// hour, minute, second를 설정
void Time::setTime( int h, int m, int s )
{
   setHour( h );
   setMinute( m );
   setSecond( s );
}

// hour 값 부여
void Time::setHour( int h )
   { hour = ( h >= 0 && h < 24 ) ? h : 0; }

// minute 값 부여
void Time::setMinute( int m )
   { minute = ( m >= 0 && m < 60 ) ? m : 0; }

// second 값 부여
void Time::setSecond( int s )
   { second = ( s >= 0 && s < 60 ) ? s : 0; }

// hour 값 획득
int Time::getHour() const { return hour; }
```

```
// minute 값 획득
int Time::getMinute() const { return minute; }

// second 값 획득
int Time::getSecond() const { return second; }

// HH:MM 형식으로 출력
void Time:printMilitary() const
{
   cout << ( hour < 10 ? "0" : "" ) << hour << ":"
        << ( minute < 10 ? "0" : "" ) << minute;
}

// HH:MM:SS AM (혹은 PM) 형식으로 출력
void Time:printStandard()   // should be const
{
   cout << ( ( hour == 12 ) ? 12 : hour % 12 ) << ":"
        << ( minute < 10 ? > "0" : "" ) << minute << ":"
        << ( second < 10 ? > "0" : "" ) << second
        << ( hour < 12 ? " AM" : " PM" );
}
```

그림 4.1 const 객체와 const 멤버함수를 갖는 Time 클래스—time.cpp

```
// main.cpp: non-const 멤버함수가
// const 객체의 접근을 시도함.

#include "time.h"

#int main()
{
   Time wakeup( 6, 45, 0 );        // non-constant 객체
   const Time noon( 12, 0, 0 );  // constant 객체
```

```
                         // 멤버함수          객체
    wakeUp.setHour( 18 );  // non-const       non-const

    noon.setHour( 12 );    // non-const       const

    wakeUp.getHour();      // const           non-const

    noon.getMinute();      // const           const
    noon.printMilitary();  // const           const
    noon.printStandard();  // non-const       const
    return 0;
}
```

```
Compiling...
Fig07_01.cpp
d:fig07_01.cpp(14) : error C2662: 'setHour' : cannot convert 'this'
pointer from 'const class Time' to 'class Time &'
Conversion loses qualifiers
d:₩fig07_01.cpp(20) : error C2662: 'printStandard' : cannot convert
'this' pointer from 'const class Time' to 'class Time &'
Conversion loses qualifiers
Time5.cpp
Error executing cl.exe.

test.exe - 2 error(s), 0 warning(s)
```

그림 4.1 const 객체와 const 멤버함수를 갖는 Time 클래스—main.cpp

그림 4.2는 Increment 클래스의 const 데이터 멤버 increment를 초기화하기 위한 멤버 초기자(member initializer)의 사용을 보여주고 있다. Increment의 생성자는 다음과 같다.

```
Increment::Increment( int c, int i )
  : increment( i )
```

```
{ count = c; }
```

:increment(i)는 increment를 i로 초기화한다. 여러 개의 멤버 초기자가 필요하면 콤마를 이용하여 리스트를 만들면 된다. 모든 데이터 멤버들이 멤버 초기자를 사용하여 초기화될 수 있지만, 특히 const와 참조(reference)는 꼭 이 방법으로 초기화하여야 한다. 이 장의 후반부에서 멤버 객체들이 이 방법으로 초기화되는 것을 볼 수 있을 것이다. 상속에 대해서 배울 때, 하위(파생) 클래스에서 상위(기저) 클래스를 초기화하는 것도 이 방법을 통해 초기화되어야 한다는 것을 배우게 된다.

```
// increment.cpp: 멤버 초기자를 사용하여
// const 멤버를 초기화 하는 방법

#include <iostream>

using std::cout;
using std::endl;

class Increment {
public:
     ( int c = 0, int i = 1 );
    void addIncrement() { count += increment; }
    void print() const;

private:
    int count;
    const int increment;   // const 멤버 데이터
};

// 생성자
Increment::Increment( int c, int i )
```

```
   : increment( i )   // const 멤버에 대한 초기자
{ count = c; }

// 데이터 출력
void Increment::print() const
{
   cout << "count = " << count
        << ", increment = " << increment << endl;
}

int main()
{
   Increment value( 10, 5 );

   cout << "Before incrementing: ";
   value.print();

   for ( int j = 0; j < 3; j++ ) {
      value.addIncrement();
      cout << "After increment " << j + 1 << ": ";
      value.print();
   }

   return 0;
}
```

```
Before incrementing: count = 10, increment = 5
After increment 1: count = 15, increment = 5
After increment 2: count = 20, increment = 5
After increment 3: count = 25, increment = 5
```

그림 4.2 멤버 초기자를 사용하여 상수를 초기화하기

그림 4.3은 멤버 초기자를 사용하지 않고 대입문을 사용해서 increment를 초기화한 예이다. 컴파일러 오류가 발생한다.

```
1        ... 그림 4.2와 같음 ...
8
9  class Increment {
         ... 그림 4.2와 같음 ...
17 };
18
19 // Constructor for class Increment
20 Increment::Increment( int c, int i )
21 {
22    count = c;
23    increment = i ;  // 에러: const 객체는 변경 불가
24 }
25
26 // 데이터 출력
27 void Increment::print() const
28 {
         ... 그림 4.2와 같음 ...
31 }
32
33 int main()
34 {
         ... 그림 4.2와 같음 ...

47 }
```

```
Compiling...
Fig07_03.cpp
D:_03.cpp(21) : error C2758: 'increment : must be initialized in
constructor base/member initializer list
D:_03.cpp(16) : see declaration of 'increment'
D:_03.cpp(23) : error C2166: l-value specifies const object
Error executing cl.exe.

test.exe - 2 error(s), 0 warning(s)
```

그림 4.3 대입문으로 상수를 초기화하려는 시도

라인 27에 있는 print 함수와 같이 객체를 변화시키지 않는 모든 멤버함수를 const로 선언하는 것은 좋은 습관이다. 멤버함수를 const로 선언하면, 멤버함수가 무심코 객체를 변경하려고 할 때 오류 메시지가 출력되기 때문에 이점이 될 수 있다. C++에는 const 객체를 다루는 "mutable"이라는 키워드가 있다. 이것은 뒤에서 다룬다.

4.2 포함: 객체를 클래스의 멤버로 사용함

AlarmClock 클래스 객체는 언제 자명종을 울려야 할는지를 알아야 할 필요가 있다. 이럴 때 Time 객체를 AlarmClock 객체의 멤버로 포함시킨다. 한 클래스가 다른 클래스의 객체를 멤버로써 가질 때, 이것을 포함(composition)이라고 한다.

객체가 만들어질 때 자동적으로 생성자가 호출되므로 생성자에 인자를 전달되는 방법을 정할 필요가 있다. 객체는 선언된 순서대로 만들어지며, 그 객체를 감싸고 있는 클래스 객체(호스트 객체라고도 부름)가 생성되기 전에 만들어진다.

그림 4.4는 Employee 클래스와 Date 클래스를 사용하여 객체를 다른 객체의 멤버로 사용하는 예를 보인 것이다. Employee 클래스는 firstName, lastName, birthDate, hireDate를 private 데이터 멤버로 갖고 있다. 멤버 birthDate와 hireDate는 클래스 Date의 const 객체이며, 또한 private 데이터 멤버 month, day, year를 갖는다. main에서

는 Employee 객체를 생성하여 초기화하고 각 데이터 멤버를 출력한다. Employee 생성자의 헤더는 다음과 같다.

```
Employee :: Employee ( char *fname, char *lname, int bmonth,
                        int bday, int byear, int hmonth, int hday, int hyear)
    : birthDate(bmonth, bday, byear), hireDate(hmonth, hday, hyear)
```

생성자는 8개의 인자(fname, lname, bmonth, bday, byear, hmonth, hday, hyear)가 있다. 콜론 다음에 두 개의 멤버 초기자가 있는데, Employee의 인자가 Date 객체의 생성자로 전달된다. 인자 bmonth, bday, byear은 birthDate의 생성자로 전달되고, 인자 hmonth, hday, hyear은 hireDate의 생성자로 전달된다.

```
// date.h: Date 클래스 선언
// 멤버함수는 date.cpp에 정의

#ifndef DATE_H
#define DATE_H

class Date {
public:
   Date( int = 1, int = 1, int = 1900 );
   void print() const;
   ~Date();
private:
   int month;
   int day;
   int year;

   // 유틸리티 함수
```

```
    int checkDay( int );
};

#endif
```

그림 4.4 멤버-객체 초기자의 사용—date1.h

```
// date.cpp: 멤버함수 정의

#include <iostream>

using std::cout;
using std::endl;

#include "date.h"

// 생성자: month가 합리적인지 파악하고
// 유틸리티 함수 checkDay를 호출해서 day가 합리적인지 파악

Date::Date( int mn, int dy, int yr )
{
    if ( mn > 0 && mn <=12 )
        month = mn;
    else {
        month = 1;
        cout << "Month " << mn << " invalid. Set to month 1.₩n";
    }

    year = yr;
    day = checkDay( dy );

    cout << "Date object constructor for date ";
    print();
    cout << endl;
```

```
}

// month/day/year 형태로 출력
void Date::print() const
   { cout << month << '/' << day << '/' << year; }

// 소멸자
Date::~Date()
{
   cout << "Date object destructor for date ";
   print();
   cout << endl;
}

// 유틸리티 함수: month and year에 근거해서 day가 합리적인지 검사
//  2000년이 윤년인가?

int Date::checkDay( int testDay )
{
   static const int daysPerMonth[ 13 ] =
      {0, 31, 28, 31, 30, 31, 30, 31, 31, 30, 31, 30, 31};

   if ( testDay > 0 && testDay <= daysPerMonth[ month ] )
      return testDay;

   if ( month == 2 &&       // 윤년에 속한 2월인지?
        testDay == 29 &&
        ( year % 400 == 0 ||
         ( year % 4 == 0 && year % 100 != 0 ) ) )
      return testDay;

   cout << "Day " << testDay << " invalid. Set to day 1.₩n";

```

```
   return 1;  // 잘못된 날짜면 값을 1로 반환
}
```

그림 4.4 멤버-객체 초기자의 사용—date1.cpp

```
// emply.h: Employee 클래스 선언
// 멤버함수는 emply.cpp에 정의

#ifndef EMPLY_H
#define EMPLY_H

#include "date.h"

class Employee {
public:
   Employee( char *, char *, int, int, int, int, int, int );
   void print() const;
   ~Employee();
private:
   char firstName[ 25 ];
   char lastName[ 25 ];
   const date birthDate;
   const Date hireDate;
};

#endif
```

그림 4.4 멤버-객체 초기자의 사용—emply.h

```
// emply.cpp: 멤버함수 정의

#include <iostream>

using std::cout;
using std::endl;
```

```
#include <cstring>
#include "emply.h"
#include "date.h"

Employee::Employee( char fname, char *lname,
                    int bmonth, int bday, int byear,
                    int hmonth, int hday, int byear )
   : birthDate( bmonth, bday, byear ),
     hireDate( hmonth, hday, hyear ),
{
   // firstName에 fname을 복사
   int length = strlen( fname );
   length = ( length < 25 ? length : 24 );
   strncpy( firstName, fname, length );
   firstName[ length ] = '₩0';

   // lastName에 lname을 복사
   length = strlen( lname );
   length = ( length < 25 ? length : 24 );
   strncpy( lastName, lname, length );
   lastName[ length ] = '₩0';

   cout << "Employee object constructor: "
        << firstName << ' ' << lastName << endl;
}

void Employee::print() const
{
   cout << lastName << ", " << firstName << "₩nHired: ";
   hireDate.print();
   cout << " Birth date: ";
   birthDate.print();
   cout << endl;
```

```
}

// 소멸자
Employee::~Employee()
{
   cout << "Employee object destructor: "
        << lastName << ", " << firstName << endl;
}
```

그림 4.4 멤버-객체 초기자의 사용—emply1.cpp

```
// main.cpp: 포함을 위한 예제

#include <iostream>

using std::cout;
using std::endl;

#include "emply1.h"

int main()
{
   Employee e( "Bob", Jones", 7, 24, 1949, 3, 12, 1988 );

   cout << '₩n';
   e.print();

   cout << "₩nTest Date constructor with invalid values:₩n";
   Date d( 14, 35, 1994 );   // 부적절한 날짜
   cout << endl;
   return 0;
}
```

```
Date object constructor for date 7/24/1949
Date object constructor for date 3/12/1988
Employee object constructor: Bob Jones

Jones, Bob
Hired: 3/12/1988  Birth date: 7/24/1949

Test Date constructor with invalid values:
Month 14 invalid. Set to month 1.
Day 35 invalid. Set to day 1.
Date object constructor for date 1/1/1994

Date object destructor for date 1/1/1994
Employee object destructor: Jones, Bob
Date object destructor for date 3/12/1988
Date object destructor for date 7/24/1949
```

그림 4.4 멤버-객체 초기자의 사용—main.cpp

const 멤버와 참조들 역시 멤버 초기자로 초기화된다. Date 클래스와 Employee 클래스는 Date 객체나 Employee 객체가 소멸될 때 메시지를 출력하는 소멸자 함수를 포함하고 있다. 출력결과를 보면 객체가 생성될 때는 안에서 밖으로 생성되고, 소멸될 때는 반대로 밖에서 안으로 소멸됨을 알 수 있다(즉, Date멤버 객체는 Employee 객체 다음에 소멸된다).

멤버 객체를 반드시 멤버 초기자로 생성할 필요는 없다. 멤버 초기자가 없으면 디폴트 생성자를 암시적으로 호출한다. 디폴트 생성자로 설정된 값은 set 함수에 의해 다시 초기값을 설정될 수 있지만 복잡한 초기화 과정에서는 훨씬 더 큰 부담과 시간을 필요로 한다. 그러므로 멤버 초기자를 이용해 멤버 객체들을 명시적으로 초기화하는 것이 효율적이다. 디폴트 생성자가 호출될 때 한 번 초기화되고 set 함수가 다시 한 번 초기화하는 것을 이중 초기화(doubly initializing) 라고 한다. 경우, 디폴트 생성자를 마련하지 않으면 구문오류이다.

4.3 프렌드 함수와 프렌드 클래스

클래스 바깥에서 정의된 함수가 private 멤버에 접근할 수 있도록 하는 것이 friend 함수이다. friend 함수 상속에서 다루게 될 protected 멤버에 대해서도 접근할 수 있다. 한 개의 함수나 혹은 전체 클래스에 대해서 friend로 선언할 수 있다. friend 함수는 수행능력을 강화시킨다. 이 장에서는 기본적인 예만 보이고 다음 장에서 연산자 중첩을 다룰 때도 friend 함수를 사용하는 것을 보게 된다.

friend 함수를 선언하기 위해서는 키워드 friend를 함수의 프로토타입(prototype) 앞에 적으면 된다. 클래스 B를 클래스 A의 friend로 선언하려면

```
friend class B;
```

라는 문장을 A 내에 두면 된다. 즉, 클래스 A는 반드시 클래스 B가 자신의 friend임을 명시적으로 선언해 주어야 한다. 또한, friend는 대칭적(symmetric)이거나 이행적(transitive)이지 않다. 예를 들어 클래스 A가 클래스 B의 friend이고 클래스 B가 클래스 C의 friend라고 가정할 경우, 클래스 B가 클래스 A의 friend라거나, 또는 클래스 C가 클래스 B의 friend라고 추측해서는 안 된다(즉, 대칭적이지 않다). 또한 클래스 A가

클래스 C의 friend도 아니다(즉, 이행적이지 않다).

그림 3.5는 클래스 count의 private 데이터 x에 값을 부여하기 위해 friend 함수 setX를 사용하는 방법을 예시한 것이다. friend가 public 함수들이 정의되기도 전에 먼저 선언되는 것을 볼 수 있다. 그림 3.6의 프로그램은 non-friend 함수인 cannotsetX가 private 데이터 x를 변경하려 할 때, 오류 메시지가 출력되는 것을 보이고 있다.

```
// friend.cpp: 프렌드 함수가 private 멤버에 접근하는 예제

#include <iostream>

using std::cout;
using std::endl;

// Count 클래스
class Count {
   friend void setX( Count &, int );  // friend 선언
public:
   Count() { x = 0; }                 // 생성자
   void print() const { cout << x << endl; }
private:
   int x;  // data member
};

// setX가 Count의 프렌드 함수이기 때문에
// Count의 private data를 수정할 수 있다.
void setX( Count &c, int val )
{
   c.x = val;
}

```

```
int main()
{
    Count counter;

    cout << "counter.x after instantiation: ";
    counter.print();
    cout << "counter.x after call to setX friend function: ";
    setX( counter, 8 );
    counter.print();
    return 0;
}
```

```
counter.x after instantiation: 0
counter.x after call to setX friend function: 8
```

그림 4.5 프렌드로 private 멤버에 접근하는 예

setX 함수는 클래스 count의 멤버함수가 아니고 독립적인 함수이다. 그 때문에 setX를 호출할 때,

```
counter.setX( 8 );
```

라고 핸들(객체의 이름과 같은 것)을 사용하지 않고, counter를 인자로 사용하여 다음과 같이 쓴다.

```
setX( counter, 8 );
```

```
// CannotFriend.cpp:Non-friend/non-member 함수는
// private data를 접근할 수 없음을 보여주는 예시

#include <iostream>

```

```
using std::cout;
using std::endl;

// Count 클래스
class Count {
public:
    Count() { x = 0; }
    void print() const { cout << x << endl; }
private:
    int x;
};

// Count의 private 데이터를 수정하려고 함
// 그러나 수정 불가
void cannotSetX( Count &c, int val )
{
    c.x = val;  // 에러: 'Count::x'는 접근 불가
}

int main()
{
    Count counter;

    cannotSetX( counter, 3 ); // cannotSetX는 프렌드가 아님
    return 0;
}
```

```
Compiling...
CannotFriend.cpp
D:₩C++₩examples₩Ch04₩CannotFriend.cpp(22) :
  error C2248: 'x' : cannot access private member declared in
  class 'Count'
    D:₩C++₩examples₩Ch04₩CannotFriend.cpp(15): see declaration of 'x'
Error executing cl.exe.
```

```
test.exe - 1 error(s), 0 warning(s)
```

그림 4.6 non-friend/non-member 함수는 private 멤버를 접근할 수 없음

4.4 this 포인터

모든 객체는 this 포인터를 통해 자신의 주소로 접근한다. this 포인터는 데이터 멤버와 멤버함수 둘 다에 대해 암시적으로 또는 명시적으로 사용될 수 있다. this 포인터의 타입은 객체의 타입에 의존하며, 또한 this가 사용된 멤버함수가 const로 선언되었느냐 아니냐에 따라 달라진다. 클래스 Employee의 non-constant 멤버함수에서 this 포인터는 Employee *const 타입이다. 이것을 (Employee 객체에 대한 constant 포인터)라고 읽는다. 클래스 Employee의 constant 멤버함수에서 this 포인터는 const Employee *const 타입이다. 이것을 (constant인 Employee 객체에 대한 constant 포인터)라고 읽는다.

그림 4.7은 this 포인터를 사용해서 클래스 Test의 멤버함수가 private 데이터 x를 출력하도록 하는 프로그램이다. 한번은 this->x 로 하고, 한번은 (*this).x 로 할 것이다. 점 멤버선택 연산자(.)를 사용할 때 *this 주위에 괄호를 줘야 한다. 괄호 없이

```
*this.x
```

로 쓰면, 우선순위 때문에 다음 수식처럼 처리되고

```
*( this.x )
```

이것은 점 연산자가 포인터로 함께 사용될 수 없기 때문에 구문오류이다.

```
// This.cpp: this 포인터 사용

#include <iostream>

using std::cout;
using std::endl;

class Test {
public:
   Test( int = 0 );
   void print() const;
private:
   int x;
};

Test::Test( int a ){ x = a; }

void Test::print() const   // x를 여러 가지 방법으로 출력
{
   cout << "        x = " << x
        << "₩n  this->x = " << this->x
        << "₩n(*this).x = " << ( *this ).x << endl;
}

int main()
```

```
{
    Test testObject( 12 );

    testObject.print();

    return 0;
}
```

```
   x = 12
 this->x = 12
(*this).x = 12
```

그림 4.7 this 포인터 사용

this 포인터를 사용하면 객체가 그 객체 자신에 대입된 것을 방지할 수 있다. 다음 장 "연산자 중첩"에서 배우게 되지만, 자기대입(self-assignment)은 객체가 동적으로 대입된 기억장소에 대한 포인터를 가질 때 심각한 오류를 발생시킨다.

this 포인터의 다른 용도는 연속적인(cascaded) 멤버함수 호출을 가능하게 한다는 것이다. 그림 4.8은 Time 객체에 대한 참조를 반환하여 클래스 Time의 멤버함수 호출이 연속적으로 일어나게 하는 것을 보여준다. 멤버함수 setTime, setHour, setMinuite, setSecond 각각은 반환 타입이 Time &이며 *this를 반환한다.

```
// time.h:
// 연속적 멤버함수 호출

// Time 클래스 선엄
// 멤버함수는 time.cpp에 정의
#ifndef TIME_H
#define TIME_H
```

```
class Time {
public:
    Time( int = 0, int = 0, int = 0 );

    // set functions
    Time &setTime( int, int, int );
    Time &setHour( int );
    Time &setMinute( int );
    Time &setSecond( int );

    // get 함수
    int getHour() const;
    int getMinute() const;
    int getSecond() const;

    // 출력 함수
    void printMilitary() const;
    void printStandard() const;
private:
    int hour;
    int minute;
    int second;
};

#endif
```

그림 4.8 연속적 멤버함수 호출—time.h

```
// time.cpp
// 멤버함수 정의
#include <iostream>

using std::cout;
```

```cpp

#include "time.h"

// 생성자: private 데이터 초기화
// setTime을 통해 변수값 설정, 디폴트 값은 0

Time::Time( int hr, int min, int sec )
   { setTime( hr, min, sec ); }

// hour, minute, second를 설정
Time &Time::setTime( int h, int m, int s )
{
   setHour( h );
   setMinute( m );
   setSecond( s );
   return *this;   // enables cascading
}

// hour 값 설정
Time &Time::setHour( int h )
{
   hour = ( h >= 0 && h < 24 ) ? h : 0;

   return *this;   // enables cascading
}

// minute 값 설정
Time &Time::setMinute( int m )
{
   minute = ( m >=0 && m < 60 ) ? m :  0;

   return *this;   // enables cascading
}

```

```
// second 값 설정
Time &Time::setSecond( int s )
{
   second = ( s >=0 && s < 60 ) ? s : 0;

   return *this;  // enables cascading
}

// hour 값 획득
int Time::getHour() const { return hour; }

// minute 값 획득
int Time::getMinute() const { return minute; }

// second 값 획득
int Time::getSecond() const { return second; }

// HH:MM 형식으로 출력
void Time::printMilitary() const
{
   cout << ( hour < 10 ? "0" : "" ) << hour << ":"
        << ( minute < 10 ? "0" : "" ) << minute;
}

// HH:MM:SS AM (혹은 PM)형식으로 출력
void  Time::printStandard() const
{
   cout << ( ( hour == 0 || hour  == 12 ) ? 12 : hour % 12 )
        << ":" << ( minute < 10 ? "0" : "" ) << minute
        << ":" << ( second < 10 ? "0" : "" ) << second
        << ( hour < 12 ? " AM" : " PM" );
}
```

그림 4.8 연속적 멤버함수 호출—time.cpp

```
// main.cpp
// this 포인터를 사용하여 연속적 멤버함수 호출

#include <iostream>

using std::cout;
using std::endl;

#include "time.h"

int main()
{
   Time t;

   t.setHour( 18 ).setMinute ( 30 ).setSecond( 22 );
   cout << "Military time: ";
   t.printMilitary();
   cout << "₩nStandard time: ";
   t.printStandard();

   cout << "₩n₩nNew Standard time: ";
   t.setTime( 20, 20, 20 ).printStandard();
   cout << endl;

   return 0;
}
```

```
Military time: 18:30
Standard time: 6:30:22 PM

New standard time: 8:20:20 PM
```

그림 4.8 연속적 멤버함수 호출—main.cpp

*this를 반환할 때 참조 타입을 사용하는 이유는 무엇인가? 점 연산

자(.)는 좌결합 법칙을 가지므로, 수식

```
t.setHour( 18 ).setMinute( 30 ).setSecond( 22 );
```

는 먼저 t.setHour(18)를 구하고, 그 결과로 객체 t에 참조(reference)를 반환한다. 따라서 수식은

```
t.setMinute( 30 ).setSecond( 22 );
```

로 변환된다. t.setMinute(30)를 호출하여 실행되고, t와 동일한 값을 반환한다. 이제 남은 수식은

```
t.setSecond( 22 );
```

로 변환된다. 다음 호출문을 보자.

```
t.setTime( 20, 20, 20 ).printStandard();
```

이 역시 연속적 호출 형태를 보여준다. printStandard가 t에 대한 참조를 반환하지 않기 때문에 반드시 위의 수식과 같은 순서로 나타나야 한다. setTime 앞에 printStandard를 두면 구문오류이다.

4.5 new와 delete를 이용한 동적 메모리 사용

new와 delete 연산자는 동적 메모리 대입을 하는 데 있어서 C의 malloc과 free보다 더 효과적이다. 다음 코드를 보자.

```
TypeName *typeNamePtr;
```

ANSI C에서는 TypeName 타입의 객체를 동적으로 생성하기 위해 다음과 같이 한다.

```
typeNamePtr = malloc ( sizeof ( TypeName ) );
```

이것은 sizeof 연산자를 사용해야 하며 malloc 함수를 호출해야 한다. C++에서는

```
typeNameptr = new TypeName;
```

이라고 쓰면 된다. new 연산자는 자동적으로 적당한 크기의 객체를 생성하고, 생성자를 호출하며, 올바른 타입의 포인터를 반환한다. new에 의해 생성된 객체를 소멸시키고자 할 때는 반드시 다음과 같이 delete 연산자를 사용해야 한다.

```
delete typeNamePtr;
```

다음은 새롭게 생성된 객체를 위해 초기자를 제공하는 예이다.

```
double *thingPtr = new double( 3.14159 );
```

이것은 생성된 double 이라는 객체를 3.14159로 초기화하는 것이다.

10개의 요소를 가지는 정수형 배열은 다음과 같이 생성되어 arrayPtr에 대입될 수 있다.

```
int *arrayPtr = new int[ 10 ];
```

이 배열은 다음 문장에 의해 소멸된다.

```
delete [] arrayPtr;
```

차차 알게 되겠지만, malloc과 free 대신에 new와 delete를 사용하는 것은 또 다른 이점을 제공한다. 특히 new는 생성자를 호출하고 delete는 소멸자를 호출한다.

4.6 static 클래스 멤버

클래스에서 선언된 변수는 그 클래스에 대한 객체가 생성될 때 각각의 객체마다 데이터를 위한 기억장소를 배정받는다. 이를 인스턴스 변수(instance variable)라고 한다. 그러나 한 변수에 대해 오직 하나의 기억장소 만을 갖고 모든 객체들이 공유해야하는 경우도 있다. 이것을 정적변수(static variable)라고 한다. 정적 변수의 선언은 static이란 키워드로 시작된다.

static 데이터의 필요성에 대해 비디오 게임을 예로 들어 알아보자.

Martian(화성인)과 외계생물들에 대한 비디오게임을 가지고 있다고 가정하자. 각각의 Martian은 용맹한 성향이 있고 Martian이 다섯 이상이 있으면 외계의 생물을 공격한다. 만약 Martian이 다섯 이하이면 각각의 Martian은 겁쟁이로 변한다. 그래서 각각의 Martian은 Mar- tianCount를 알 필요가 있다. 클래스 Martian의 각 객체에 MartianCount를 데이터 멤버로 부여할 수 있다. 이렇게 할 경우, 모든 Martian들은 MartianCount에 대한 복사본을 가질 것이고 새로운 Martian이 생성될 때마다, 각각의 Martian 객체가 가진 Mar- tianCount를 수정해야 한다. 이것은 과잉의 복사본으로 인해 기억공간이 낭비되고, 각각의 복사본을 수정하는 데도 시간이 낭비된다.

그 대신에 Martiancount를 static으로 선언하면, Martiancount를 전체-클래스(class wide) 데이터로 만들 수 있다. 모든 Martian은 Martiancount를 자신의 데이터 멤버인 것처럼 볼 수 있지만, 실제로는 오직 한 복사본만의 static Martiancount가 존재한다. 이렇게 해서 공간을 절약할 수 있으며, Martian 생성자가 static Martiancount를 증가시키도록 함으로써 시간을 절약할 수 있다. 단 하나의 복사본만이 존재하기 때문에, 각 Martian 객체에 대한 분리된 각각의 static MartianCount 복사본을 일일이 증가할 필요가 없다.

static 데이터가 전역변수처럼 보일 수도 있지만 사실은 클래스 범위이다. static 멤버들은 public이나, private, 또는 protected가 될 수 있으며 파일 영역에서 반드시 한 번만 초기화되어야 한다. public static 멤버는 클래스의 어떤 객체를 통해서도 접근이 가능하며, 영역 해결 연산자(scope resolution operator)를 이용한 클래스 이름을 통해서도 접근이 가능하다. 즉, 클래스의 객체가 생성되기 전이라 하더라도, 데이터 이름

앞에 클래스 이름과 영역 해결 연산자(::)를 붙이면 된다.

그림 4.9는 private static 데이터와 public static 데이터의 사용을 예시하고 있다. count는 다음과 같이 0으로 초기화되어 있다.

```
int Employee :: count = 0;
```

count는 Employee 클래스의 객체가 생성될 때마다 그 수가 증가된다. Employee의 객체가 존재할 때는 Employee 객체의 어떤 멤버함수를 통해서도 멤버 count를 참조할 수 있다. 이 예에서는 count가 생성자와 소멸자에 의해 참조되고 있다.

```
// employ.h:employee 클래스

#ifndef EMPLOY_H
#define EMPLOY_H

calss employee {
public:
   Employee( const char*, const char* );
   ~Employee();
   const char *getFirstName() const;
   const char *getLastName() const;

   // static 멤버함수
   static int getCount();  // 객체의 수를 반환

private:
   char *firstName;
   char *lastName;

   // static 데이터
```

```
    static int count;   // 생성된 객체의 수
};

#endif
```

그림 4.9 객체의 개수를 세는 프로그램—employ.h

```
// employ.cpp: 멤버함수 정의

#include <iostream>

using std::cout;
using std::endl;

#include <cstring>
#include <cassert>
#include "employ.h"

// static 데이터 초기화
int Employee::count = 0;

// employee 객체의 수를 반환하는
// static 멤버함수
int Employee::getCount() { return count; }

// 생성자:
// first name과 last name을 위한 공간을 동적으로 마련하고
// strcpy를 이용해서 그 객체에 이름과 성을 복사함
Employee::Employee( const char *first, const char *last )
{
    firstName = new char[ strlen( first ) + 1];
    assert( firstName != 0 );
    strcpy( firstName, first );

```

```
    lastName = new char[ strlen( last ) + 1 ];
    assert( lastName !=0 );
    strcpy( lastName, last );

    ++count;  // employee의 개수를 1 증가
    cout << "Employee constructor for " << firstName
         << ' ' << lastName << " called." << endl;
}

// 소멸자
Employee::~Employee()
{
    cout << "~Employee() called for " << firstName
         << ' ' << lastName << endl;
    delete [] firstName;
    delete [] lastName;
    --count;  // employee의 개수를 1 감소
}

// employee의 first name을 반환
const char *Employee::getFirstName() const
{
    // private 데이터를 수정하지 못하도록 Const로 선언해야 함.
    // 소멸자에 의해 기억장소를 해제하기 전에 클라이언트가
    // 반환된 스트링을 복사할 수 있다.
    return firstName;
}

// employee의 last name을 반환
const char *Employee::getLastName() const
{
    // private 데이터를 수정하지 못하도록 Const로 선언해야 함.
    // 소멸자에 의해 기억장소를 해제하기 전에 클라이언트가
    // 반환된 스트링을 복사할 수 있다.
```

```
    return lastName;
}
```

그림 4.9 객체의 개수를 세는 프로그램—employ.cpp

```
// main.cpp: 드라이버 루틴

#include <iostream>

using std::cout;
using std::endl;

#include "employ.h"

int main()
{
    cout << "Number of employees before instantiation is "
        << Employee::getCount() << endl;

    Employee *e1Ptr = new Employee( "Susan", "Baker" );
    Employee *e2Ptr = new Employee( "Robert", "Jones" );

    cout << "Number of employees after instantiation is "
        << e1Ptr->getCount();

    cout << "₩n₩nEmployee 1: "
         << e1Ptr->getFirstName()
         << " "<< e1Ptr->getLastName()
         << "₩nEmployee 2: "
         << e2tr->getFirstName()
         << " "<< e2Ptr->getLastName() << "₩n₩n";

    delete e1Ptr;
    e1Ptr = 0;
```

```
117      delete e2Ptr;
118      e2Ptr = 0;
119
120      cout << "Number of employees after deletion is "
121          << Employee::getCount() << endl;
122
123      return 0;
124 }
```

```
Number of employees before instantiation is 0
Employee constructor for Susan Baker called.
Employee constructor for Robert Jones called.
Number of employees after instantiation is 2

Employee 1: Susan Baker
Employee 2: Robert Jones

~Employee() called for Susan Baker
~Employee() called for Robert Jones
Number of employees after deletion is 0
```

그림 4.9 객체의 개수를 세는 프로그램—main.cpp

Employee 클래스의 객체가 존재하지 않는 경우, 다음과 같이 클래스 이름을 통해 접근할 수 있다.

```
Employee :: getCount()
```

함수 getCount는 현재의 Employee 객체의 개수를 반환하는 것이다. 라인 121처럼 객체가 해제되고 난 후, 객체가 존재하지 않을 때는 Employee :: getCount()으로 함수를 호출한다. 그러나 객체가 존재하는 경우에는 라인 105, 106처럼 객체를 통해 함수 get- Count를 호출한다.

```
cout << "Number of employee after instantiation is"
    << e1Ptr->getcount();
```

e2Ptr->getCount()와 Employee::getCount()는 결과가 같다.

멤버함수가 static 데이터를 접근하는 경우에는 static 함수로 선언하는 것이 좋다. non-static(static이 아닌) 멤버함수와는 달리 static 함수는 this 포인터를 갖지 않는다. 왜냐하면 static 멤버는 객체와는 독립적으로 존재하기 때문이다. 그러므로 static 함수 내에서 this 포인터를 참조하는 것은 구문오류이며, static 함수를 const로 선언하는 것도 구문오류이다.

라인 102와 103은 연산자 new를 사용하여 두 개의 Employee 객체를 동적으로 마련한다. 각 Employee 객체가 생성될 때마다 생성자가 호출된다. 라인 115, 117에서는 두 개의 Employee 객체를 해제하기 위해 delete가 사용되고 있으며, 이때는 소멸자가 호출된다.

Employee 생성자 함수에 사용된 assert를 살펴보자. 이 assert "매크로"는 ca- ssert 헤더파일에 정의되어 있고 조건의 값을 테스트하는 것이다. 수식의 값이 false이면 assert는 오류 메시지를 보내고 프로그램의 실행을 중지하기 위해 일반 유틸리티 헤더파일 <cstdlib>의 abort 함수를 호출한다. 이것은 변수가 올바른 값을 갖고 있는지 검사하는 유용한 디버깅 도구이다. [주의: abort 함수는 소멸자를 실행하지 않은 채 즉시 프로그램 실행을 중단한다.]

assert를 이용하여 new 연산자가 동적 메모리 대입을 제대로 실행했는지 검사할 수 있다. 예를 들어 Employee 생성자 함수에서 다음 문장

```
assert( firstName != 0 );
```

은 포인터 firstName이 0인지 아닌지를 테스트한다. 조건이 true이면 인터럽트 없이 프로그램이 진행되고, 조건이 false이면 오류 메시지가 라인 넘버, 조건, 파일 이름과 함께 출력되고 프로그램이 종료된다. 오류를 찾으려면 이 부분의 코드에만 집중하면 된다. "예외 처리"에서 실행시간 오류에 대해 더 자세히 다루게 된다.

디버깅이 끝나고 나서도 이 assertion을 제거할 필요가 없다. assertion이 더이상 디버깅에 필요하지 않으면

```
#define NDEBUG
```

를 프로그램의 처음에 삽입하면 된다. 이것을 컴파일러 옵션에서 지정할 수도 있다. 이렇게 하면 프로그래머가 일일이 모든 assertion을 제거하지 않더라도 전처리기가 모든 assertion을 무시하도록 한다.

4.7 데이터 추상화와 정보 은닉

클래스는 보통 클라이언트로부터 구현 세부사항을 숨긴다. 이것을 정보은닉(information hiding)이라고 한다. 정보은닉의 예로서 stack에 대해 알아보자. stack에 데이터를 넣을 때 push한다고 하고, 데이터를 꺼낼 때 pop한다고 한다. stack은 가장 마지막에 들어간 데이터가 가장 먼저 나오는 후입선출(last-in-first-out; LIFO) 구조이다.

stack은 주로 배열이나 연결 리스트(linked list)로 구현된다. stack

클래스의 클라이언트는 stack이 어떻게 구성되어 있는지 알 필요가 없다. 클라이언트는 단순히 언제 데이터를 push하며, pop되는 데이터가 무엇인지 알면 된다. 클래스의 기능성을 구현으로부터 독립시키는 것을 데이터 추상화(data abstraction)라고 한다. C++ 클래스를 추상 자료형(abstract data types; ADT)이라고 한다. 사용자들은 클래스 구현의 세부사항을 안다고 할지라도 세부사항에 영향을 주는 코드를 작성하면 안된다. 다시 말하면, public 인터페이스가 변화되지 않는 한, 세부사항의 변경이 다른 시스템에 영향을 주어서는 안 된다는 말이다.

대부분의 절차중심형 언어들은 실행을 강조하고, 이런 언어들의 데이터는 프로그램의 실행을 지원하기 위해 존재한다. 미리 만들어진(built-in) 자료형이 몇 개밖에 없고 프로그래머들이 새로운 자료형을 만드는 것도 어렵다. 그러나 객체지향 프로그래밍은 데이터의 중요성을 강화했을 뿐아니라 새로운 타입(즉, 클래스)을 만들어내고, 그 타입의 서로 다른 객체들을 만들고 이들 객체 사이에 상호작용을 나타낼 수 있도록 했다.

이런 방향전환을 위한 노력이 추상 자료형(ADT)을 탄생하게 했다. ADT가 절차중심형 프로그래밍을 대체하는 것은 아니지만, 훨씬 효과적으로 프로그램을 개발할 수 있다는 것이다. 내장 자료형 int를 생각해 보자. 컴퓨터의 int는 수학적 정수 개념과는 다르다. 컴퓨터에서의 int는 크기를 제한하게 된다. 예를 들어 32비트 기계에서 int는 -20억~20억의 범위로 제한된다. 만약 계산 결과가 이 범위를 벗어나면, "오버플로"가 발생한다. 수학적 정수는 이런 문제를 일으키지 않는다. 그러므로 컴퓨터의 int는 실세계의 정수 개념에 근접할 뿐이다. double도 마찬가지이다. 물론 char도 근접일 뿐이다. 7비트 ASCII 문자는 128개의 문자를 제공한다. 이것은 수천 개의 문자를 갖는 한국어나 중국어 같은 언어에는 부적합하다. 컴퓨터의 char은 실세계 문자의 수에 비하면 매우 한정적이다.

C++에서 제공하는 내장 데이터조차도 실세계 개념과는 차이가 있는 근사값이거나 모형 밖에 되지 않는다는 것이다. int, double, char와 그 외의 타입들이 모두 추상 자료형의 예이다. 이런 추상 자료형은 컴퓨터 시스템 내에서 실세계를 표현하는 가장 적절한 방법이다. 추상 자료형은 데이터 표현(date representation)과 그 데이터에서 허용되는 연산(operations) 두 개념을 같이 합한 것이다. 예를 들어 int는 덧셈, 뺄셈, 곱셈, 나눗셈, 그리고 나머지 연산을 허용한다. 그러나 0을 나누는 것은 허용하지 않는다. 다른 예는 음수의 개념인데 음수의 데이터 표현과 연산은 명백하다. 그러나 음수의 제곱근을 처리하는 연산은 정의되어 있지 않다. C++은 클래스를 사용하여 추상 자료형을 구현하는 기능을 제공한다.

4.8 컨테이너 클래스와 이터레이터

가장 많이 쓰이는 클래스의 타입 중 하나가 컨테이너(container) 클래스이다. 이것을 컬렉션(collection) 클래스라고도 하는데 객체를 모아 두는 데 사용된다. 컨테이너 클래스의 기능에는 삽입, 삭제, 검색, 분류, 검사(컬렉션의 멤버인지 알아보는 기능) 등이 있다. 배열, 스택, 큐, 트리, 그리고 연결리스트가 컨테이너 클래스의 예이다.

이터레이터 객체(iterator object)—간단히 이터레이터(iterator)라고도 함—는 컨테이너 클래스와 관련이 있다. 이터레이터는 컬렉션의 다음 요소를 반환(즉, 컬렉션의 다음 요소에 대한 action을 수행)하는 객체이다. 일단 클래스에 대한 이터레이터가 작성되면 클래스로부터 다음 요소를 구하는 것은 간단히 표현할 수 있다. 책장 속에 여러 권의 책을 둘 수 있는 것처럼 한 컨테이너 클래스는 여러 개의 이터레이터를 가질 수 있다. 각각의 이터레이터는 자신의 "위치(position)" 정보를 유지한다. 뒤에서 컨테이너와 이터레이터에 대해 자세히 다룬다.

4.9 프락시 클래스

private 데이터와 같은 독점 정보에 접근하는 것을 막기 위해 클래스 구현의 세부사항을 숨긴다고 했었다. 클라이언트에게 public 인터페이스만을 갖는 프락시 클래스(proxy class)를 제공함으로써 클라이언트가 클래스 구현의 세부사항에 접근하지 않고서도 클래스 기능을 사용할 수 있도록 한다.

프락시 클래스를 구현하는 것은 몇 단계가 필요하다. 먼저, 클래스 정의와 감추고 싶은 private 데이터를 가진 클래스에 대한 구현파일을 만든다. 예를 들어 Implementation 이라고 하는 클래스가 그림 4.10의 라인 1에서 12까지에 있다. 프락시 클래스인 Inter- face 클래스는 라인 13에서 41까지에 있고, 테스트 프로그램과 출력은 라인 42에서 61번에 있다.

```
// implementation.h
// Implementation 클래스 선언

class Implementation {
   public:
      Implementation( int v ) { value = v; }
      void setValue( int v ){ value = v; }
      int getValue() const { return value; }

   private:
      int value;
};
```

그림 4.10 프락시 클래스의 구현—implementation.h

```
// interface.h
// interface.cpp를 위한 헤더 파일
class Implementation;    // 순방향 클래스 선언

class Interface{
   public:
      Interface( int );
      void setValue( int );   // Implementation 클래스와
      int getValue() const;   // 같은 public interface
      ~Interface();
   private:
      Implementation *ptr;   // 이전에 순방향 선언이 필요함

};
```

그림 4.10 프락시 클래스의 구현—interface.h

```
// interface.cpp
// Interface 클래스의 정의
#include "interface.h"
#include "implementation.h"

Interface::Interface( int v )
   : ptr( new Implementation( v ) ) { }

// Implementation의 setValue 함수를 호출
void Interface::setValue( int v ) { ptr->setValue( v ); }

// Implementation의 getValue 함수를 호출
int Interface::getValue() const { return ptr->getValue(); }

Interface::~Interface() { delete ptr; }
```

그림 4.10 프락시 클래스의 구현—interface.cpp

```
// main.cpp
// 클래스의 private 데이터를 은닉. proxy 클래스로 접근
#include <iostream>

using std::cout;
using std::endl;

#include "interface.h"

int main()
{

   Interface i( 5 );

   cout << "Interface contains: " << i.getValue()
        << " before setValue" << endl;
```

```
57     i.setValue( 10 );
58     cout << "Interface contains: " << i.getValue()
59          << " after setValue" << endl;
60     return 0;
61 }
```

```
Interface contains: 5 before setVal
Interface contains: 10 after setVal
```

그림 4.10 프락시 클래스의 구현—main.cpp

그림 4.10의 Interface 클래스는 Implementation 클래스와 동일한 public 인터페이스를 가지는 프락시 클래스이다. Implementation은 value(클라이언트에게 숨기고 싶은 데이터)라는 private 데이터, value를 초기화하는 생성자, 함수 setValue와 getValue를 갖는다.

프락시 클래스의 유일한 private 멤버로 Implementation에 대한 포인터가 있다. 이 포인터를 사용함으로써 클라이언트에게 Implementation의 구현 세부사항을 숨길 수 있게 된다.

클래스 정의에서 다른 클래스를 가리키는 포인터를 사용할 때는 #include를 사용할 필요가 없다. 라인 15처럼 사전에 순방향 클래스 선언(forward class declaration)을 통해 다른 클래스가 이용됨을 알려주면 된다.

구현파일(그림 4.10의 3번째 부분)은 헤더파일 implementation.h과 interface.h를 포함한다. 그리고 interface.cpp가 미리 컴파일 되어서 클라이언트에게 제공된다. interface.cpp는 컴파일된 객체 코드로만 사용되도록 만들어졌기 때문에 클라이언트는 프락시 클래스와 독점클래스 사이의 상호작용을 볼 수 없다.

그림 4.10의 네번째 부분은 클래스 Interface를 테스트하는 드라

이버 루틴이다. Interface에 대한 헤더파일만이 main에 포함되어 있다. Implementation이라고 하는 다른 클래스의 존재에 대해서는 언급이 없다. 그러므로 클라이언트는 Implementation의 private 데이터를 절대로 볼 수 없으며 Implementation 코드에 의존할 수도 없다.

제5장

연산자 중첩

제5장

연산자 중첩

5.1 연산자 중첩(operator overloading)의 기초

〈〈 연산자는 C++에서 다양한 목적으로 사용된다. 스트림 삽입(stream-insertion) 연산자로도 사용되고 비트 좌측이동(bit-wise left shift) 연산자로도 사용된다. 이것이 연산자 중첩(operator overloading)의 한 예이다. 〉〉 역시 스트림 추출(stream-extraction) 연산자로도 사용되고 비트 우측이동(bit-wise right shift) 연산자의 의미로도 사용된다. 이 두 가지 연산자들은 모두 C++ 클래스 라이브러리 내에 중첩되어 있다. +와 -의 경우와 같이 C++ 자체에서 중첩되어 있는 경우도 있다. 이 연산자들은 정수 연산, 부동 소수점 연산, 포인터 연산 등 각 문맥에 따라 다르게 수행된다.

C++는 대부분의 연산자에 대해 연산자가 사용되는 문맥에 따라 다르게 반응하도록 프로그래머가 중첩시키는 것을 허용한다. 특히 대입연산자나 +, -같은 수학연산자는 자주 중첩된다. 연산자 중첩은 일반적인

함수호출 방법에 의해서도 똑같이 수행될 수 있지만 연산자 표기법이 더 명확하다. C++에서는 새로운 연산자를 만드는 것은 허용하지는 않지만 대부분의 존재하는 연산자를 중첩하여 사용한다. 그림 5.1은 중첩 가능한 연산자들을 나타내고 있으며, 그림 5.2는 중첩할 수 없는 연산자들이다.

중첩 가능한 연산자							
+	-	*	/	%	^	&	|
~	!	=	<	>	+=	-=	*=
/=	%=	^=	&=	|=	<<	>>	>>=
<<=	==	!=	<=	>=	&&	||	++
--	->*	,	->	[]	()	new	delete
new[]	delete[]						

그림 5.1 중첩 가능한 연산자

중첩될 수 없는 연산자				
.	.*	::	?:	sizeof

그림 5.2 중첩될 수 없는 연산자

다른 함수의 경우와 마찬가지로 연산자도 함수정의(헤더와 바디로 이뤄진)에 의해 중첩된다. 단, 함수의 이름은 operator라는 키워드 뒤에 중첩되는 부호를 기재한 형태를 이룬다. 예를 들어 operator+라는 함수 이름은 덧셈 연산자(+)를 중첩하는 데 사용된다.

연산자를 클래스 객체에 적용하기 위해선, 연산자를 반드시 중첩해야만 하며 여기에는 두 가지 예외가 존재한다. 대입 연산자(=)는 따로 중첩하지 않아도 모든 클래스에 중첩이 사용될 수 있다. 대입연산자는 디폴트로 클래스에 속한 데이터 멤버들을 멤버별로 복사하는 것이다. 그러나 동적 할당된 메모리에 대한 포인터를 포함하고 있는 클래스에 대해서는 디폴트 동작인 멤버 단위의 복사가 위험하다. 이런 경우에는 대입 연산자를 명시적으로 중첩해야 한다. 두번째 예외적 경우는 주소 연산자(&)인데 이것 역시 중첩하지 않고 모든 클래스에 대해 사용될 수 있다. 이 연산자는 단순히 메모리 내의 객체의 주소값을 반환한다. 주소 연산자 역시 중첩될 수 있다.

중첩은 수학적인 클래스에 가장 적합하다. 수학적 클래스가 실세계에서 다루어지는 방식과 일관성을 유지하기 위해선 다른 중요한 연산자들도 함께 중첩되어야 한다. 예를 들어 복소수 연산을 할 때이다. 복소수 연산은 실수는 실수대로 허수는 허수대로 더해야 한다. 이것은 정수 덧셈과 다르기 때문에 재정의하여야 한다.

연산자 결합법칙을 중첩에 의해 바꾸는 것은 불가능하다. 연산자의 피연산자 개수를 변화시키는 것 또한 불가능하다. 중첩된 단항 연산자는 여전히 단항 연산자로 유지되어야 하며, 이항 연산자 역시 이항 연산자로 유지되어야 한다. C++에서 삼항 연산자(?:)는 중첩할 수 없다(그림 5.2). &, *, +, - 연산자들은 각기 단항 연산자와 이항 연산자 성격을 가지고 있다. 단항 연산자도 되고 이항 연산자도 되는 경우는 각기 다른 함수로 보고 분리해서 중첩해야 한다.

5.3 멤버함수 이용 방법과 friend 함수 이용 방법

연산자 함수는 멤버 함수 또는 비멤버 함수로 구현될 수 있으며, 비멤버 함수는 friend 함수를 이용하여 구현한다. 멤버 함수로 구현하는 경우에는 자신의 클래스 객체 인수 중 하나(이항 연산자의 좌측 인수)를 얻기 위해 묵시적으로 this 포인터를 사용한다. 비멤버 함수로 구현하는 경우에는 2개 인수 모두를 인수목록에 열거해야만 한다.

(), [], ->나 대입연산자를 중첩할 경우 연산자 중첩 함수를 클래스 멤버로 선언해야만 한다. 다른 연산자들을 위한 중첩 함수는 멤버 함수로도 할 수 있고, 비멤버 함수로도 할 수 있다. 그렇다면 어떤 구현 방법이 더 나은 방법인 것인가?

연산자 함수가 멤버 함수로 구현될 때 가장 왼쪽의 피연산자(단항 연산일 경우는 유일한 피연산자)는 연산자가 정의된 클래스에 속한 객체여야 한다. 만일 왼쪽 피연산자가 다른 클래스나 내장형에 속한 것이면 이 연산자는 비멤버 함수로 구현되어야 한다. 비멤버 함수로 구현되는 경우에는 friend 함수로 구현하여야 한다.

중첩된 << 연산자는 ostream &형의 좌측 피연산자(cout << classObject에서 cout이 좌측 피연산자이다)를 가져야 하므로 이것은 비멤버 함수로 구현되어야 한다. 마찬가지로 중첩된 >> 연산자는 istream &형의 좌측 피연산자(cin >> classObject에서 cin이 좌측 피연산자이다)를 가져야 하므로 이것 역시 비멤버 함수로 구현되어야 한다. 또한 중첩된 이 연산자들은 출력 또는 입력되는 클래스 객체의 private 데이터 멤버에 대한 접근을 요청할 수도 있으므로 성능상의 이유로 흔히 friend

함수로 구현된다.

멤버 함수로 구현된 연산자 함수는 이항 연산자의 왼쪽 피연산자나 단항 연산자의 피연산자가 그 클래스의 객체인 경우에만 호출된다. 이 때는 this 포인터가 이 피연산자를 가리키게 된다.

비멤버 함수를 택하는 또 다른 이유는 연산자가 교환법칙을 만족하도록 하기 위해서다. 예를 들어 long int형의 number와 HugeInteger 클래스의 객체 big이 있다고 하자. 여기서 HugeInteger 클래스는 컴퓨터의 워드 길이에 제약을 받지 않는 얼마든지 큰 값의 정수를 표현하는 클래스이다. 덧셈 연산자(+)는 HugeInteger에 long int를 더할 때나(즉, big + number) 또는 long int에 HugInteger를 더할 때(즉, number + big) HugInteger 형의 임시 결과값을 생성하게 된다. 따라서 덧셈 연산자는(일반적인 덧셈과 마찬가지로) 교환법칙을 만족해야 한다. 만일 덧셈 연산자가 멤버 함수로 구현된다면 클래스 객체가 반드시 덧셈 연산자의 왼쪽에 있어야 하는 문제가 발생한다. 따라서 HugInteger가 덧셈의 오른쪽에도 올 수 있도록 하기 위해서 연산자 함수를 friend 함수로 중첩한다. 반드시 HugInteger가 연산자의 왼편에 와야 한다면 operator+ 를 멤버 함수로 구현하여야 한다. 만일 set과 get 함수가 클래스의 public 인터페이스에 존재하고, 또 set과 get 함수가 inline이라면 비멤버 함수가 꼭 friend 함수가 아니라도 된다.

5.4 스트림 삽입(<<)과 추출 연산자(>>)의 중첩

스트림 삽입 연산자 <<와 스트림 추출 연산자 >>를 사용하여 표준 자료형을 입출력할 수 있다. 이 연산자들은 C의 char *와 같은 스트링과 포인터들을 포함하는 표준 자료형을 처리할 수 있도록(C++ 컴파일러와 함께 제공되는 클래스 라이브러리 내에) 중첩되어 있다. 또한 스트림 삽입과 스트림 추출 연산자는 사용자 정의형을 입/출력하도록 중첩될 수도 있다. 그림 5.3은 사용자가 정의한 전화번호 클래스인 PhoneNumber형의 자료를 입출력하기 위한 스트림 삽입과 추출 연산자의 중첩 예를 보이고 있다.

```
// stream.cpp
// 스트림 삽입 및 스트림 추출 연산자의 중첩

#include <iostream>

using std::cout;
using std::cin;
using std::endl;
using std::ostream;
using std::istream;

#include <iomanip>

using std::setw;

class PhoneNumber {
   friend ostream &operator <<( ostream, const PhoneNumber & );
```

```
    friend istream &operator >>( istream&, PhoneNumber & );

private:
    char areaCode[ 4 ];
    char exchange[ 4 ];
    char line[ 5 ];
};

// 스트림 삽입 연산자의 중첩
// cout << somePhoneNumber; 처럼 사용하려면
// 멤버함수로는 할 수 없음
ostream &operator<<( ostream &output, const PhoneNumbber &num )
{
    output << "(" << num.areaCode << ")"
           << num.exchange << "-" << num.line;
    return output;     // cout << a << b << c; 처럼 사용 가능
}

istream &operator>>( istream &input, PhoneNumber &num )
{
    input.ignore();
    input >> setw( 4 ) >> num.areaCode;
    input.ignore( 2 );
    input >> setw( 4 ) >> num.exchange;
    input.ignore();
    input >> setw( 5 ) >> num.line;
    return input;      // cin >> a >> b >> c; 처럼 사용 가능
}

int main()
{
    PhoneNumber phone;

```

```
51    cout << "Enter phone number in the form (123) 456-7890:₩n";
52
53    // cin >> phone 은 operator>> 를 호출하도록 번역되고
54    // 함수 operator>>( cin, phone )을 통해 처리된다.
55    cin >> phone ;
56
57    // cout << phone 은 operator<< 를 호출하도록 번역되고
58    // 함수 operator<<( cout, phone )을 통해 처리된다.
59    cout << "The phone number entered was: " << phone << endl;
60    return 0;
61 }
```

```
Enter phone number in the form (123) 456-7890:
(800) 555-1212
The phone number entered was: (800) 555-1212
```

그림 5.3 사용자 정의 스트림 삽입 및 스트림 추출 연산자

함수 operator>>(라인 36)는 istream 참조형인 input과 PhoneNumber 참조형인 num을 인수로 받아서, istream 참조형을 반환한다. main에 있는 다음 표현식은

```
cin >> phone
```

다음과 같은 함수 호출을 생성한다.

```
operator>>( cin, phone );
```

operator>> 이 실행될 때, 매개변수 input은 cin의 별칭이 되고, 매개변수 num은 phone의 별칭이 된다. 전화번호의 세 부분을, PhoneNumber의 멤버인 areaCode, exchange, line에 입력될 스트링으로 읽는다. 스트림 조작자 setw는 읽어들일 문자 개수를 제한하는데,

인수보다 하나 적게 읽어 들이도록 한다. 즉, setw(4)는 3개의 문자만을 읽어들이고 하나는 종료위치를 위한 null 문자를 저장하도록 한다. 괄호, 빈칸, 대시 문자는 istream의 멤버 함수인 ignore를 호출함으로써 건너뛴다. ignore 함수는 지정된 수만큼의 문자(디폴트는 한 문자)를 입력 스트림에서 건너뛰게 한다. operator〉〉 함수는 istream 참조인 input(즉, cin)을 반환함으로써 하나의 PhoneNumber 객체를 입력한 다음, 연이어 다른 PhoneNumber 형 객체 또는 다른 형의 객체를 연쇄적으로 입력할 수 있게 한다. 예를 들어 다음과 같이 두 개의 PhoneNumber 객체가 입력되면,

```
cin >> phone1 >> phone2;
```

먼저 cin 〉〉 phone1은 아래와 같이 함수를 호출한다.

```
operator>>( cin, phone1 );
```

이 호출에 대한 반환은 cin이므로, 다음은 cin 〉〉 phone2이 된다. 이것은 다음과 같이 함수를 호출한다.

```
operator>>( cin, phone2 );
```

함수 operator〈〈(라인 29)는 ostream 참조형인 output과 PhoneNumber 참조형인 num을 인수로 받아서, ostream 참조형을 반환한다. main에 있는 다음 표현식은

```
cout << phone
```

다음과 같은 함수 호출을 생성한다.

```
operator< <( cout, phone );
```

전화번호의 각 부분들은 스트링이기 때문에 operator〈〈 함수는 그것을 스트링으로 출력한다.

operator〉〉 함수와 operator〈〈 함수는 PhoneNumber 클래스 내에 비멤버 함수인 friend 함수로 선언되어 있다. PhoneNumber의 객체가 스트림 연산자의 우측 피연산자가 이기 때문에 이 연산자들은 비멤버 함수여야 한다. 만약 PhoneNumber의 객체가 좌측 피연산자이면 멤버함수로 구현하여야 한다. 성능을 위해 non-public 클래스 멤버에 직접 접근할 필요가 있다면 중첩된 입출력 연산자는 friend 함수로 선언되어야 한다. 또한 opeartor〈〈의 인수 PhoneNumber가 const(PhoneNumber가 단순히 출력될 뿐이기 때문에)이고, opeartor〉〉의 인수 PhoneNumber는 const가 아님(PhoneNumber 객체는 객체 내에 전화번호 입력을 저장하기 위해 수정되어야 하기 때문에)을 주의하자.

5.5 단항 연산자의 중첩

단항 연산자는 인수가 없는 non-static 멤버 함수로 구현하거나, 한 개의 인수를 갖는 비멤버 함수로 중첩할 수 있다. non-static 데이터를 접근할 수 있기 위해서는 중첩된 연산자를 구현하는 멤버 함수가 nonstatic이어야만 한다. static 멤버 함수는 static 데이터 멤버만 접근할 수 있기 때문이다.

본 장의 뒷 부분에서 String 객체가 비어 있는지를 검사하여 그 값이 true인지 false인지를 판단하고 그 결과를 역으로 만드는 연산자 !을 중첩하게 된다. !과 같은 단항 연산자를 인수가 없는 멤버 함수로 중첩할 경우, !s는 s.operator!()로 번역된다. 피연산자 s는 String의 멤버 함수 operator!를 호출할 수 있는 객체이다. 이 함수는 다음과 같이 선언된다.

```
class String {
public:
        bool operator!() const;
        ...
};
```

!와 같은 단항 연산자를 비멤버 함수로 중첩할 때, 하나의 인수를 갖게 되는데, 그 하나의 인수가 객체일 수도 있고, 객체에 대한 참조일 수도 있다. 만일 s가 String 객체라면(또는 String 객체에 대한 참조라면), !s는 다음과 같이 선언된 String의 비멤버 friend 함수를 호출하는 operator!(s)로 번역된다.

```
class String {
        friend bool operator!( const String & );
        ...
};
```

단항 연산자를 중첩할 때 연산자 함수를 비멤버 friend 함수보다는 클래스 멤버 함수로 만드는 것이 좋다. friend의 사용은 클래스의 캡슐화를 위반하는 것이기 때문에, 불가피한 경우가 아니면 피하는 것이 좋다.

5.6 이항 연산자의 중첩

이항 연산자는 하나의 인수를 갖는 non-static 멤버 함수나 두 개의 인수(둘 중 하나는 클래스 객체 또는 클래스 객체에 대한 참조여야만 함)를 갖는 비멤버 함수로 중첩될 수 있다.

본 장의 뒷부분에서 두 스트링 객체를 연결하는 +=을 보게 된다. 이항 연산자 +=을 하나의 인수를 갖는 non-static 멤버 함수로 중첩할 경우, y와 z를 String 객체라고 하면 y += z는 다음과 같이 선언된 operator+=을 호출하는 y.operator+=(z)로 번역된다.

```
class String {
public:
        const String &operator+=( const String & );
        ...
};
```

이항 연산자 +=이 비멤버 함수로 중첩되면 2개의 인수를 가져야하고, 2개 인수 중 하나는 클래스 객체 또는 클래스 객체에 대한 참조여야 한다. y와 z가 String 객체나 String 객체에 대한 참조라면, y += z는 다음과 같이 선언된 비멤버 friend 함수 operator+=을 호출하는 operator+=(y, z)로 번역된다.

```
class String {
        friend const String &operator+=( String &,
                                const String & );
        ...
};
```

5.7 사례연구1: Array 클래스

C++의 배열은 다음의 기능들을 제공하지 않는다. 연산자 중첩을 통해 그 기능을 구현하는 방법을 알아보고자 한다.

C++의 배열은 첨자가 배열의 범위를 벗어나는지 여부를 검사하지 않기 때문에 쉽게 배열의 범위를 벗어날 수 있다. n 크기의 배열은 원소의 번호가 0, ..., n-1이어야만 한다. char가 아닌 배열은 배열 전체를 한 번에 입력 또는 출력할 수 없으며 각 배열 원소를 각각 읽거나 써야만 한다. 그리고 두 배열을 비교 연산자나 관계 연산자로 비교할 수 없다. 왜냐하면 배열 이름은 단순히 메모리 내에서 배열이 시작하는 지점을 나타내는 포인터이기 때문이다. 또한 임의 크기의 배열을 다루는 다목적 함수의 인수로 배열을 전달할 때는 배열의 크기도 하나의 인수로 전달해야 한다. 그리고 대입 연산자를 사용해서 하나의 배열을 다른 배열에 대입할 수도 없다. 왜냐하면 배열 이름은 const 포인터이고 const 포인터는 대입 연산자의 왼쪽에 놓일 수 없기 때문이다.

그림 5.4의 프로그램은 배열 첨자가 배열의 범위 내에 있도록 범위 검사를 수행한다. 그리고 대입 연산자를 이용해서 하나의 배열 객체를 다른 배열 객체에 대입하는 것을 허용한다. 또한 자기 자신의 크기를 자동적으로 알기 때문에 배열을 함수 인수로 전달할 때 배열의 크기를 별도로 전달할 필요가 없다. 그리고 배열 전체를 스트림 추출 연산자와 스트림 삽입 연산자를 통해서 입출력할 수 있으며, ==와 !=의 비교 연산자로 비교할 수도 있다. Array 클래스는 생성된 배열 객체들의 수를 파악하기 위해서 static 멤버를 사용한다.

```
// array.h: Array 클래스

#ifndef ARRAY_H
#define ARRAY_H

#include <iostream>

using std::ostream;
using std::istream;

class Array {
   friend ostream &operator <<( ostream, const Array & );
   friend istream &operator >>( istream&, Array & );
public:
   Array( int = 10 );
   Array( const Array & );
   ~Array();
   int getSize() const;
   const Array &operator=( const Array & );
   bool operator==( const Array & ) const;

// 두 개의 배열이 같지 않으면 true, 아니면 false를 반환
// (operator==을 사용해서 그 역으로 처리)
   bool operator!=( const Array &right ) const
      { return ! ( *this == right ); }

   int &operator[]( int );
   const int &operator[]( int ) const;
   static int getArrayCount();

private:
   int size;
   int *ptr;
   static int arrayCount;   // 생성된 Array 객체의 수
```

```
};

#endif
```

그림 5.4 연산자 중첩의 예1—array.h

```
// array.cpp
// 멤버함수 정의
#include <iostream>

using std::cout;
using std::cin;
using std::endl;

#include <iomanip>

using std::setw;

#include <cstdlib>
#include <cassert>
#include "array.h"

// static 데이터의 초기화
int Array::arrayCount = 0;     // 아직 객체가 없음

// 디폴트 생성자 (디폴트 size는 10 )
Array::Array( int arraySize )
{
   size = ( arraySize > 0 ? arraySize : 10 );
   ptr = new int[ size ];
   assert( ptr !=0 );     // 메모리가 할당되지 않으면 끝남
   ++arrayCount;          // 객체가 생성되면 1 증가

   for ( int i = 0; i < size; i++ )
```

```
        ptr[ i ] = 0;        // 배열을 초기화
}

// 복사 생성자:
// 참조를 인수로 받아서 무한 순환되는 것을 예방해야 한다.
Array::Array( const Array &init ) : size ( init.size )
{
    ptr = new int[ size ];
    assert( ptr != 0 );
    ++arrayCount;

    for ( int i = 0; i < size; i++ )
        ptr[ i ] = init.ptr [ i ]; // init을 객체에 복사
}

// 소멸자
Array::~Array()
{
    delete [] ptr;
    --arrayCount;          // 객체의 수를 1 감소
}

// 배열의 크기를 반환
int Array::getSize() const { return size; }

// 중첩된 대입 연산자
// const로 선언해서 (a1 = a2 ) = a3을 방지함.
const Array &Array::operator=( const Array &right )
{
    if ( &right != this ) { // 자기대입(self-assignment)인지 검사

    // 배열의 크기가 다르면, 왼쪽의 배열 크기를
    // 오른 쪽의 배열 크기로 다시 크기 조정
    if ( size != right.size ) {
```

```
        delete [] ptr;
        size = right.size;
        ptr = new int[ size ];
        assert( ptr != 0 );
    }

    for ( int i = 0; i < size; i++ )
        ptr[ i ] = right.ptr [ i ];
    }

    return *this;     // x = y = z;을 가능하게 함
}

// 두 개의 배열이 같으면 true,
// 아니면 false를 반환
bool Array::operator==( const Array &right ) const
{
    if ( size != right.size )
        return false;

    for ( int i = 0; i < size; i++ )
        if ( ptr[ i ] != right.ptr [ i ] )
            return false;

    return true;
}

// non-const Arrays에 대한 중첩된 첨자 연산자
// 참조를 반환하여 lvalue를 만든다.
int &Array::operator[]( int subscript )
{
    // 첨자가 범위를 벗어나는 지 검사
    assert( 0 <= subscript && subscript < size );

```

```
    return ptr[ subscript ] ; // 참조를 return
}

// const Arrays에 대한 중첩된 첨자 연산자
// const 참조를 반환하여 rvalue를 만든다.
const int &Array::operator[]( int subscript ) const
{
    // 첨자가 범위를 벗어나는 지 검사
    assert( 0 <= subscript && subscript < size );

    return ptr[ subscript ]; // const 참조를 return
}

// Array 객체의 개수를 반환함.
// 정적 함수는 const가 될 수 없다.
int Array::getArrayCount() { return arrayCount; }

// 중첩된 입력 연산자:
// 배열 전체에 대해 값을 입력함
istream &operator>>( istream &input, Array &a )
{
    for ( int i = 0; i < a.size; i++ )
        input >> a.ptr[ i ];

    return input;    // cin >> x >> y;을 가능하게 함
}

// 중첩된 출력 연산자
ostream &operator<<( ostream &output, const Array &a )
{
    int i;

    for ( i = 0; i < a.size; i++ ) {
        output << setw( 12 ) << a.ptr[ i ];
```

```
        if ( ( i + 1 ) % 4 == 0 )  // 각 열마다 4개의 수를 출력
            output << endl;
    }

    if ( i % 4 != 0 )
        output << endl;

    return output;    // cout << x << y;을 가능하게 함
}
```

그림 5.4 연산자 중첩의 예1—array.cpp

```
// main.cpp: 드라이버루 틴

#include <iostream>

using std::cout;
using std::cin;
using std::endl;

 #include "array.h"

int main()
{
    // 아직 객체가 없음
    cout << "# of arrays instantiated = "
         << Array::getArrayCount() << '₩n';

    // 두개의 배열을 만들고 개수를 출력
    Array integers1( 7 ), integers2;
    cout << "# of arrays intantiated = "
         << Array::getArrayCount() << "₩n₩n";

```

```
// integer1의 크기와 내용을 출력
cout << "Size of array integers1 is "
     << integers1.getSize()
     << "₩nArray after initialization:₩n"
     << integers1 << '₩n';

// integer2의 크기와 내용을 출력
cout << "Size of array integers2 is "
     << integers2.getSize()
     << "₩nArray after initialization:₩n"
     << integers2 << '₩n';

// integer1과 integer2를 입력하고 출력
cout << "Input 17 integers:₩n";
cin >> integers1 >> integers2;
cout << "After input, the arrays contain:₩n"
     << "integers1:₩n" << integers1
     << "integers2:₩n" << integers2 << '₩n';

// 중첩된 !=
cout << "Evaluating: integers1 != integers2₩n";
if ( integers1 != integers2 )
  cout << "They are not equal₩n";

// 초기값으로 integer1를 사용하여 배열 integer3을 만듬
// integer3의 크기와 내용을 출력한다.
Array integers3( integers1 );

cout << "₩nSize of array integers3 is "
     << integers3.getSize()
     << "₩nArray after initialization:₩n"
     << integers3 << '₩n';

// 중첩된 =
```

```
    cout << "Assigning integers2 to integers1:₩n";
    integers1 = integers2;
    cout << "integers1:₩n" << integers1
         << "integers2:₩n" << integers2 << '₩n';

    // 중첩된 ==
    cout << "Evaluating: integers1 == integers2₩n";
    if ( integers1 == integers2 )
      cout << "They are equal₩n₩n";

    // 중첩된 첨자 연산자를 통해 rvalue를 만듬
    cout << "integers1[5] is " << integers1[5] << '₩n';

    // 중첩된 첨자 연산자 통해 lvalue를 만듬
    cout << "Assigning 1000 to integers1[5]₩n";
    integers1[ 5 ] = 1000;
    cout << "integers1:₩n" << integers1 << '₩n';

    // 범위 밖의 첨자를 사용하려 함
    cout << "Attempt to assign 1000 to integers1[15]" << endl;
    integers1[ 15 ] = 1000;  // 에러

    return 0;
}
```

```
# of arrays instantiated = 0
# of arrays instantiated = 2

Size of array integers1 is 7
Array after initialization:
        0       0       0       0
        0       0       0

Size of array integers2 is 10
Array after initialization:
        0       0       0       0
```

```
        0       0       0       0
        0       0

Input 17 integers:
1 2 3 4 5 6 7 8 9 10 11 12 13 14 15 16 17
After input, the arrays contain:
integers1:
        1       2       3       4
        5       6       7
integers2:
        8       9      10      11
       12      13      14      15
       16      17

Evaluating: integers1 != integers2
They are not equal

Size of array integers3 is 7
Array after initialization:
        1       2       3       4
        5       6       7

Assigning integers2 to integers1:
integers1:
        8       9      10      11
       12      13      14      15
       16      17
integers2:
        8       9      10      11
       12      13      14      15
       16      17

Evaluating: integers1 == integers2
They are equal

integers1[5] is 13
Assigning 1000 to integers1[5]
integers1:
        8       9      10      11
       12    1000      14      15
       16      17
```

```
Attempt to assign 1000 to integers1[15]
Assertion failed: 0 <= subscript && subscript < size, file Array1.cpp,
line 95 abnormal program termination
```

그림 5.4 연산자 중첩의 예1—main.cpp

main부터 보면, 라인 213의 다음 문장은 17개 정수를 입력하여 integers1에 저장하고 열 개의 값들은 integers2에 저장한다. 이때 중첩된 스트림 추출 연산자가 사용된다.

```
cin >> integers1 >> integers2;
```

라인 214-216에서는 입력이 정확하게 실행된 것을 확인하기 위해 두 개의 배열을 스트림 삽입 연산자를 이용해서 출력한다.

라인 220은 다음의 조건을 계산하여 배열들이 같지 않은 지를 찾는다.

```
integers1 != integers2
```

라인 225은 integers3라고 하는 세번째 배열을 생성하고 배열 integers1으로 초기화한다. 이것은 복사 생성자를 호출하여 복사한다.

라인 234의

```
integers1 = integers2;
```

는 중첩된 대입 연산자(=)를 시험한다. 라인 235, 236에선 대입이 잘 이루어졌는지를 확인하기 위해서 두 개의 배열을 인쇄한다.

라인 240은 대입 후에 integers1과 integers2가 같은 지를 살피기 위해 중첩된 관계 연산자(==)를 사용한다.

라인 244는 원소 integers1[5]를 참조하기 위해 중첩된 첨자 연산자를 사용한다. 여기서는 integers1[5]의 값을 인쇄하기 위해 rvalue로 사용된다. 라인 248에서는 integers1[5]가 lvalue로 사용되기 위해 참조를 반환한다.

라인 253은 integers1[15]에 1000을 대입하려고 시도하고 오류를 포착하여 프로그램을 비정상 종료한다.

첨언하면, 배열 첨자 연산자 []는 배열에 대해서만 사용되는 것이 아니고, 연결 리스트나 스트링, 사전 등과 같은 다른 종류의 컨테이너 클래스를 위해서도 사용될 수 있다. 또한 첨자가 정수여야만 되는 것이 아니고, 문자, 스트링, 부동소수점, 심지어 사용자 정의형 클래스의 객체도 가능하다.

이제 array.cpp에서 컴파일러가 다음과 같은 문장을 만나면

```
cout << arrayObject
```

다음과 같이 번역되어, 라인 162의 operator<<(ostream &, const Array &) 함수를 호출한다.

```
operator<< ( cout, arrayObject )
```

만약 다음과 같은 표현을 만나면

```
cin >> arrayObject
```

은 다음과 같이 번역되어, 라인 153의 operator>>(istream &, Array &)

함수를 호출한다.

```
operator>>( cin, arrayObject )
```

Array 객체는 항상 스트림 삽입 연산자나 스트림 추출 연산자의 오른편에 오기 때문에 이들 연산자 함수들은 클래스 Array의 멤버가 될 수 없음을 주목해야 한다.

라인 71에

```
Array( const Array & );                // 복사 생성자 선언
```

에 대한 함수가 정의되어 있다. 이 함수는 다음과 같이 Array의 객체가 생성되면서 또 다른 Array 객체로 초기화될 때 호출된다.

```
Array integers3( integers1 );
```

또는 다음과 같이 작성할 수 있다.

```
Array integers3 = integers1;
```

복사 생성자는 배열의 내부 표현을 담을 수 있도록 new를 사용하고, new에서 반환된 포인터를 데이터 멤버 ptr에 대입하며, for를 사용하여 초기 배열의 모든 원소를 이 배열로 복사한다. 만일 복사 생성자가 원본 객체의 ptr을 복사본 객체의 ptr로 단순히 복사한다면 두 개의 객체 모두 같은 동적 할당된 기억장소를 가리키게 되어, 첫번째로 실행된 소멸자가 동적 할당된 기억장소를 제거하게 되면, 다른 객체의 ptr은 "매달려있는 포인터(dangling pointer)" 가 되어 객체가 없는 상태가 된다.

이 상황은 심각한 실행시간 오류를 유발하게 된다. 보통 동적 할당된 메모리를 사용하는 클래스에는 생성자, 소멸자, 중첩된 대입 연산자 및 복사 생성자가 모두 필요하므로, 이 모두를 함께 묶어서 제공한다.

라인 93에는 operator=() 이 정의되어 있다. 다음의 문장

```
integers1 = integers2;
```

은 integers1.operator=(integers2) 으로 번역되어 operator= 을 호출한다. 만일 자기 대입이 시도되면 그 대입은 건너뛰고, 자기 대입이 아닐 경우, 목적 배열을 위한 공간을 할당한 다음 원본 배열의 원소들을 목적 배열로 복사한다. 그리고 현재 객체(즉, *this)를 상수 참조로서 반환한다. 이것은 x = y = z와 같은 연쇄적 Array 대입을 가능케 한다.

라인 115에는 operator==() 이 정의되어 있다. main의 integers1 == integers2 는

```
integers1.operator==( integers2 )
```

로 번역되어 operator==()을 수행하게 된다.

operator!=은 라인 24와 25에 다음과 같이 정의되어 있다.

```
bool operator!=( const Array &right ) const
        { return !( *this == right ); }
```

operator== 함수를 사용해서 그 역을 반환한다.

다음 함수들은 라인 129와 139에 정의되어 있다.

```
int &operator[]( int );                    // subscript operator
```

```
const int &operator[]( int ) const;        // subscript operator
```

main의

```
integers1[ 5 ]
```

는 다음과 같이 번역되어 중첩된 operator[]를 호출한다.

```
integers1.operator[]( 5 )
```

첨자 연산자가 const Array 객체를 사용할 경우, const 버전의 operator[]를 호출한다. 예를 들어 객체 z가 다음 명령에 의해 생성되면

```
const Array z( 5 );
```

다음 문장은

```
cout << z[ 3 ] << endl;
```

operator[]의 const 버전을 호출한다. 상수 객체는 오직 상수 함수만 호출할 수 있다.

operator[] 멤버 함수는 첨자가 범위 내에 있는지를 검사하고 만일 그렇지 않으면 프로그램은 비정상 종료한다. 첨자가 범위 내에 있으면 배열의 적절한 원소가 참조로서 반환되고 operator[] 비상수 버전인 경우엔 대입문의 왼편에서 lvalue로 사용될 수 있다.

5.8 자료형 변환

대부분의 연산자들은 한 종류의 형만 다룬다. 예를 들면 정수에 정수를 더하면 정수가 생성된다. 그러나 때로는 하나의 자료형을 다른 형으로 변환할 필요가 있다. 이것은 대입에서, 계산에서, 함수의 값 전달에서, 그리고 함수로부터의 반환에서 일어날 수 있다. 컴파일러는 내장형들 사이의 형 변환을 자동 처리하며, 프로그래머는 강제 형 변환 연산을 통해서 지시할 수도 있다.

그러나 사용자 정의형에 대해서는 어떠한가? 사용자 정의형과 내장형 사이의 변환을 어떻게 할 것인지에 대해 컴파일러는 자동으로 알지 못한다. 이러한 형 변환은 프로그래머가 명시해야만 한다. 이러한 변환은 변환 생성자를 통해 수행된다. 변환 생성자란 다른 형의 객체(내장형 포함)를 특정 클래스의 객체로 바꾸는 단일 인수 생성자이다. 본 장의 뒷부분에서 char * 스트링을 String 객체로 변환하는 변환 생성자의 예를 보인다.

변환 연산자(캐스트 연산자라고도 함)는 하나의 클래스의 객체를 다른 클래스의 객체로, 또는 내장형의 객체로 변환하는 데 사용될 수 있다. 이러한 변환 연산자는 non-static 멤버 함수여야 하며, friend 함수가 될 수는 없다.

다음 문장

```
A::operator char *() const;
```

은 클래스 A의 객체를 char * 형 객체로 반환하는 형 변환 함수를 선언한 것이다. 중첩된 형 변환 함수는 반환형을 명시하지 않는다. 반환형은 객체가 변환되고자 하는 형이 된다. 문장 (char *)s 를 만나면 컴파일러는 s.operator char*()로 번역한다. 객체 s가 operator char*를 호출하게 된다.

중첩된 형 변환 연산자 함수는 사용자 정의형의 객체를 내장형이나 또 다른 사용자 정의형 객체로 변환하기 위해서 정의될 수 있다. 다음의 원형들

```
A::operator int() const;
A::operator otherClass() const;
```

은 클래스 A의 객체를 정수로 변환하거나, 클래스 A의 객체를 사용자 정의형 otherClass로 변환시키는 중첩된 형 변환 연산자 함수들을 선언한 것이다.

형 변환 연산자와 형 변환 생성자의 장점 가운데 하나는 필요할 때 컴파일러가 임시 객체들을 생성하기 위해 컴파일러가 이 함수들을 자동적으로 호출할 수 있다는 것이다. 예를 들면 다음과 같이 보통의 char * 가 기대되는 곳에 사용자 정의형 String 객체 s가 나타나면

```
cout << s;
```

컴파일러는 객체를 char *로 변환하기 위해 중첩된 형 변환 연산자 함수 operator char * 를 호출한다.

5.9 사례연구2: String 클래스

2장에서 String 클래스에 대해서 공부하였다. 여기서는 새로운 String 클래스를 정의하고 =, +=, !, ==, 〈, 〉 등의 연산자 중첩을 다룬다.

```
// string1.h: String 클래스 정의

#ifndef STRING_H
#define STRING_H

#include <iostream>

using std::ostream;
using std::istream;

class String {
   friend ostream &operator<<( ostream, const String & );
   friend istream &operator>>( istream, String & );

public:
   String( const char * = "" );   // 변환/디폴트 생성자
   String( const String & );      // 복사 생성자
   ~String();
   const String &operator=( const String & );
   const String &operator+=( const String & );
   bool operator!() const;                  // 빈 String 검사
   bool operator==( const String & ) const;
   bool operator<( const String & ) const;

   // s1 != s2 검사
```

```
    bool operator!=( const String & right ) const
    { return !( *this == right ); }

    // s1 > s2 검사
    bool operator>( const String &right ) const
    { return right < *this; }

    // s1 <= s2 검사
    bool operator<=( const String &right ) const
    { return !( right < *this ); }

    // s1 >= s2 검사
    bool operator>=( const String &right ) const
    { return ! ( *this < right ); }

    char &operator[]( int );                // 첨자 연산자
    const char &operator[]( int ) const;  // 첨자 연산자
    String operator()( int, int );         // 부분 문자열 반환
    int getLength() const;                  // 문자열 길이 반환

private:
    int length;
    char *sPtr;

    void setString( const char * );  // 유틸리티 함수
};

#endif
```

그림 5.5 연산자 중첩의 예2 —string.h

```
// string.cpp: 멤버함수 정의

#include <iostream>
```

```
using std::cout;
using std::endl;

#include <iomanip>

using std::setw;

#include <cstring>
#include <cassert>
#include "string.h"

// 변환 생성자: char *를 String으로 변환
String::String( const char *s ) : length( strlen( s ) )
{
   cout << "Conversion constructor: " << s << '₩n';
   setString( s );          // 유틸리티 함수 호출
}

// 복사 생성자
String::String( const String &copy ) : length( copy.length )
{
   cout << "Copy constructor: " << copy.sPtr << '₩n';
   setString( copy.sPtr ); // 유틸리티 함수 호출
}

// 소멸자
String::~String()
{
   cout << "Destructor: " << sPtr << '₩n';
   delete [] sPtr;          // 스트링 반납
}

// 중첩된 = 연산자; 자기 대입을 피함
```

```
const String &String::operator=( const String &right )
{
    cout << "operator= called₩n";

    if ( &right != this ){         // 자기 대입을 피함
       delete [] sPtr;             // 메모리 누수를 방지
       length = right.length;
       setString( right.sPtr );  // 유틸리티 함수 호출
    }
   else
      cout << "Attempted assignment of a String to itself₩n";

   return *this;  // 연속된 대입을 가능하게 함
}

// 오른쪽 피연산자를 이 객체에 연결하고
// 이 객체에 저장
const String &String::operator+=( const String &right )
{
   char *tempPtr = sPtr;          // 나중에 delete할 포인터
   length += right.length;       // 새로운 String 길이
   sPtr = new char[ length + 1 ]; // 새로운 공간 생성
   assert( sPtr != 0 );      // 메모리를 할당받지 못하면 종료
   strcpy( sPtr, tempPtr );   // 새로운 String의 왼쪽 부분
   strcat( sPtr, right.sPtr ); // 새로운 String의 오른쪽 부분
   delete [] tempPtr;           // 예전 공간 반납
   return *this;                // 연속된 호출을 가능케 함
}

// 빈 String 검사
bool String::operator!() const { return length == 0; }

// this String == right String 검사
bool String::operator==( const String &right ) const
```

```
   { return strcmp( sPtr, right.sPtr ) == 0; }

// this String < right String 검사
bool String::operator<( const String &right ) const
   { return strcmp( sPtr, right.sPtr ) < 0; }

// lvalue로 String에 있는 문자에 대한 참조를 반환
char &String::operator[] ( int subscript )
{
   // 첨자가 범위 밖인지 검사
   assert( subscript >= 0 && subscript < legnth );

   return sPtr[ subscript ];   // lvalue 생성
}

// rvalue로 String에 있는 문자에 대한 참조를 반환
const char &String::operator[]( int subscript ) const
{
   // 첨자가 범위를 벗어났는지 확인
   assert( subscript >= 0 && subscript < length );

   return sPtr[ subscript ];   // rvalue 생성
}

// 부분 문자열의 시작 위치(색인)와
// 길이를 반환
String String::operator()( int index, int subLength )
{
   // index가 범위 안에 있는지 그리고 부분 문자열의 길이 >= 0 인지?
   assert( index >= 0 && index < length && subLength >= 0 );

   // 부분 문자열의 길이 결정
   int len;

```

```
   if ( ( subLength == 0 ) || ( index + subLength > length ) )
      len = length - index;
   else
      len = subLength;

   // 종료 널 문자와 부분 문자열을 위한
   // 임시 배열을 할당
   char *tempPtr = new char[ len + 1 ];
   assert( tempPtr !=0 );

   // 부분 문자열을 char 배열과 종료 문자열로 복사
   strncpy( tempPtr, &sPtr[ index ], len );
   tempPtr[ len ] = '₩0';

   // 부분 문자열을 갖는 임시 String 객체를 만듦
   String tempString( tempPtr );
   delete [] tempPtr;  // 임시 배열 삭제

   return tempString;  // 임시 String의 복사를 반환
}

// 문자열 길이 반환
int String::getlength() const { return length; }

// 생성자와  대입 연산자에 의해 호출되는
// utility 함수
void String::setString( const char *string2 )
{
   sPtr = new char[ length + 1 ];
   assert( sPtr != 0 );
   strcpy( sPtr, string2 );  // 문자를 객체로 복사
}

// 중첩된 출력 연산자
```

```
ostream &operator<<( ostream &output, const String &s )
{
   output << s.sPtr;
   return output;   // 연속 출력을 가능하게 함
}

// 중첩된 입력 연산자
istream &operator>>( istream &input, String &s )
{
   char temp[ 100 ];   // 입력을 위한 버퍼

   input >> setw( 100 ) >> temp;
   s = temp;          // 대입 연산자 = 사용
   return input;    // 연속 입력을 가능하게 함
}
```

그림 5.5 연산자 중첩의 예2 —string.cpp

```
// main.cpp: 드라이버 루틴

#include <iostream>

using std::cout;
using std::endl;

#include "string.h"

int main()
{
   String s1( "happy" ), s2( " birthday" ), s3;

   // 중첩된 == 연산자와 관계 연산자를 검사
   cout << "s1 is ₩"" << s1 << "₩"; s2 is ₩"" << s2
        << "₩"; s3 is ₩"" << s3 <<'₩"'
```

```
        << "₩nThe results of comparing S2 and s1:"
        << "₩ns2 == s1 yields "
        << ( s2 == s1 ? "true" : "false" )
        << "₩ns2 != s1 yields "
        << ( s2 != s1 ? "true" : "false" )
        << "₩ns2 > s1 yields "
        << ( s2 > s1 ? "true" : "false" )
        << "₩ns2 < s1 yields "
        << ( s2 < s1 ? "true" : "false" )
        << "₩ns2 >= s1 yields "
        << ( s2 >= s1 ? "true" : "false" )
        << "₩ns2 <= s1 yields "
        << ( s2 <= s1 ? "true" : "false" );

    // 중첩된 ! 연산자 검사
    cout << "₩n₩nTesting !s3:₩n";
    if ( !s3 ) {
      cout << "s3 is empty; assigning s1 to s3:₩n";
      s3 = s1;              // 중첩된 대입 연산자
      cout << "s3 is ₩"" << s3 << "₩"";
    }

    // 중첩된 += 연산자 검사
    cout << "₩n₩ns1 += s2 yields s1 = ";
    s1 += s2;               // test overloaded concatenation
    cout << s1;

    // 변환 생성자 검사
    cout << "₩n₩ns1 += ₩" to you₩" yields₩n";
    s1 += " to you";
    cout << "s1 = " <<s1 << "₩n₩n";

    // 부분 스트링을 위한 중첩된 operator() 검사
    cout << "The substring of s1 starting at₩n"
```

```
        << "location 0 for 14 characters, s1(0, 14), is:₩n"
        << s1(0, 14) << "₩n₩n";

    // 부분 스트링을 위한 "스트링의 끝까지"를 검사
    cout << "The substring of s1 starting at₩n"
        << "location 15, s1(15, 0), is: "
        << s1(15, 0) << "₩n₩n";   // 0 는 스트링의 끝까지

    // 복사 생성자 검사
    String *s4Ptr = new String( s1 );
    cout << "*s4Ptr = " << *s4Ptr << "₩n₩n";

    // 자기 대입을 갖는 = 연산자 검사
    cout << "assigning *s4Ptr to *s4Ptr₩n";
    *s4Ptr = *s4Ptr;            // 중첩된 대입 연산자 사용
    cout << "*s4Ptr = " << *s4Ptr << '₩n';

    // 소멸자 검사
    delete s4Ptr;

    // lvalue 생성하는 지 첨자 연산자 사용 검사
    s1[ 0 ] = 'H';
    s1[ 6 ] = 'B';
    cout << "₩ns1 after s1[0] = 'H' and s1[6] = 'B' is: "
        << s1 << "₩n₩n";

    // 첨자가 범위를 벗어나는 지 검사
    cout << "Attempt to assign 'd' to s1[30] yields:" << endl;
    s1[ 30 ] = 'd';       // 에러

    return 0;
}
```

```
Conversion constructor: happy
Conversion constructor:  birthday
Conversion constructor:
s1 is "happy"; s2 is " birthday"; s3 is ""
The results of comparing s2 and s1:
s2 == s1 yields false
s2 != s1 yields true
s2 >  s1 yields false
s2 <  s1 yields true
s2 >= s1 yields false
s2 <= s1 yields true

Testing !s3:
s3 is empty; assigning s1 to s3;
operator= called
s3 is "happy"
s1 += s2 yields s1 = happy birthday

s1 += " to you" yields
Conversion constructor: to you
Destructor: to you
s1 = happy birthday to you

Conversion constructor: happy birthday
Copy constructor: happy birthday
Destructor: happy birthday
The substring of s1 starting at
location 0 for 14 characters, s1(0, 14), is:
happy birthday

Destructor: happy birthday
Conversion constructor: to you
Copy constructor: to you
Destructor: to you
The substring of s1 starting at
location 15, s1(15, 0), is: to you

Destructor: to you
Copy constructor: happy birthday to you
*s4Ptr = happy birthday to you

assignment *s4Ptr to *s4Ptr
```

```
operator= called
Attempted assignment of a String to itself
*s4Ptr = happy birthday to you
Destructor: happy birthday to you

s1 after s1[0] = 'H' and s1[6] = 'B' is: Happy Birthday to you

Attempt to assign 'd' to s1[30] yields:
Assertion failed: subscript >= 0 && subscript < length, file
string.cpp, line 82

Abnormal program termination
```

그림 5.5 연산자 중첩의 예2 —main.cpp

라인 16의 변환 생성자부터 보자.

```
String( const char * = "" );   // 변환 디폴트 생성자
```

이 생성자(라인 70에 정의됨)는 상수 char * 인수(디폴트는 빈 스트링)를 받아들이고 똑같은 스트링의 String 객체를 생성한다. 모든 단일 인수 생성자는 변환 생성자로 간주될 수 있고, 이 생성자는 char * 인수들을 사용해서 임의의 String 연산을 할 때 유익하다. 변환 생성자는 char * 스트링을 String 객체로 변환하고 그것을 목적 String 객체에 대입한다. 컴파일러는 자동으로 변환 생성자를 호출하여 임시 String 객체를 생성하고, 생성된 임시 String 객체를 또 다른 String 객체에 대입하기 위해 중첩된 대입 연산자를 호출한다. String 변환 생성자는 String s1("happy")과 같은 문상에서 호출된다.

라인 17은

```
String( const String & ); // 복사 생성자
```

기존의 String 객체를 복사해서 다른 String 객체에 복사는 복사 생성자(라인 77에 정의됨)이다. 복사에 주의할 점은 두 개의 객체가 같은 기억장소를 가리키게 해서는 안된다. 복사 생성자는 원본 String 객체의 length를 목적 String 객체로 복사하는 것만 제외하고는 변환 생성자와 유사하게 동작한다. 복사 생성자는 목적 스트링을 위한 새로운 공간을 생성한다. 만일 단순히 원본 객체의 sPtr을 목적 객체의 sPtr로 복사하면 두 객체 모두 같은 동적 할당 기억장소를 가리키게 된다. 처음 실행되는 소멸자가 동적 할당 기억장소를 제거하면 다른 객체의 sPtr은 미정의 상태(dangling pointer라 부르는)가 되며 이것은 심각한 실행시간 오류를 유발한다.

라인 19

```
const String &operator=( const String & );        // 대입 연산자
```

은 중첩된 대입 연산자 operator=(라인 91에 정의됨)의 선언이다. string1 = string 2와 같은 표현식을 만나면 컴파일러는 다음과 같이 번역한다.

```
string1.operator=( string2 );
```

중첩된 대입 연산자 함수 operator=는 먼저 자기 대입(self-assignment)인지 검사하고, 만일 자기 대입이면 객체가 이미 존재하므로 그냥 호출한 함수로 돌아간다. 만일 이 검사가 생략되면 즉시 목적 객체의 공간을 제거하고 스트링을 읽게 된다, 이것은 메모리 누수(memory leak)의 전형적인 예이다. 자기 대입이 아니면, 공간을 제거하고, 원본 객체에서 목적 객체로 setString을 호출해서(라인 185) 목적 객체를 위한 새로운 공간을 생성하고, 원본 객체에서 목적 객체로 스트링을 복사하

기 위해 strcpy를 사용한다. 연쇄적 대입을 가능하게 하기 위해 *this가 반환된다.

라인 20은

```
const String &operator+=( const String & );    // 스트링 연결
```

중첩된 스트링 연결 연산자(라인 108에 정의됨)이다. 컴파일러가 s1 += s2를 만나면 s1.operator+=(s2)로 번역한다. 된다. 함수 operator+=은 임시 포인터를 생성한 다음, 연결된 스트링의 길이를 계산하고, 그 스트링을 위한 공간 확보해서, 원본 스트링을 새로이 대입된 공간에 복사한다(strcpy 사용). 원본 객체의 스트링을 새로이 대입된 공간에 연결하고(strcat 사용)하고, 원본 스트링의 공간을 반납한다(delete 사용). 연쇄적 사용이 가능하도록 *this를 참조로 반환한다.

String과 char *의 연결을 허용하기 위해 또 다른 중첩된 연결 연산자가 필요한것은 아니다. const char * 변환 생성자가 보통의 스트링을 임시의 String 객체로 변환하여 중첩된 연결 연산자와 맞주게 된다. C++는 이러한 맞춤을 가능하도록 하기 위해 한 단계 깊은 수준에서 이러한 변환을 실행한다. 또한 C++ 컴파일러는 내장형과 클래스간의 변환을 실행하기 전에 내장형들 사이의 묵시적 변환을 실행할 수 있다. 임시 String 객체가 생성될 때 변환 생성자와 소멸자가 호출되는 것도 볼 수 있다(그림 5.5의 s1 += "to you"의 출력 참조). 이것은 묵시적 변환에서 임시 클래스 객체가 생성되고 소멸될 때, 클래스의 클리이인드(client)에게 감추어진 함수 호출의 한 예이다.

라인 21

```
bool operator!() const;        // 빈 스트링 검사
```

은 중첩된 ! 연산자(121째 줄에 정의)를 선언한다. 이 연산자는 스트링이 비었는가를 검사하기 사용된다. 컴파일러가 !string1를 만나면 다음과 같이 번역한다.

```
string1.operator!()
```

이 함수는 length가 0인지 검사하여 그 결과를 반환한다.

다음 문장

```
bool operator==( const String & ) const;        // s1 == s2 검사
bool operator<( const String & ) const;         // s1 < s2 검사
```

들은 String 클래스를 위한 중첩된 비교 연산자(라인 124에 정의됨)와 중첩된 관계 연산자(라인 128에 정의됨)를 선언한다. 이것들은 서로 비슷하므로 == 연산자만 보자. 컴파일러가 string1 == string2를 만나면 다음과 같이 번역한다.

```
string1.operator==( string2 )
```

이 연산자들은 String 객체들에 있는 스트링을 비교하기 위해 〈cstring〉에 있는 함수 strcmp를 사용한다. 이미 operator==과 operator〈을 구현하였다면, !=, 〉, 〈=, 〉= 연산자는 이미 정의된 중첩된 연산자 함수를 이용하여 구현한다. 예를 들어 라인 38의 operator〉=는

```
bool operator>=( const String &right ) const
    { return !( *this < right ); }
```

중첩된 < 연산자를 사용하고 있다.

라인 41과 42

```
char &operator[]( int );                    // 첨자 연산자
const char &operator[]( int ); const;  // 첨자 연산자
```

은 2개의 중첩된 첨자 연산자(라인 132와 141에 정의됨)를 선언한다. 하나는 상수형(const) String을 위한 것이고, 하나는 일반적인(non-const) string을 위한 것이다. 컴파일러가 string1[0]를 만나면 호출 string1.operator[](0)로 번역하고 상수형 operator[] 버전을 호출한다. 첨자가 범위 내라면, 비상수형 버전의 operator[]는 String 객체의 적절한 문자를 char &로 반환한다. 이때 char &는 String 객체의 지정된 문자를 변경시키기 위해 lvalue로 사용된다. 상수형 버전의 operator[]는 String 객체의 적절한 문자 const char &를 반환한다. 이 char &는 문자값을 읽기 위한 rvalue로 사용된다.

라인 43

```
String operator()( int, int );  // 부분 스트링을 반환
```

은 두 개의 인자를 통해 부분 스트링의 시작 위치와 길이를 지정한다(라인 151에 정의). 부분 스트링의 길이가 0이면, String 객체의 마지막 스트링까지 선택된다. 예를 들어, string1이 스트링 "AEIOU"을 포함하는 String 객체라고 생각해 보자. 컴파일러가 string1(2,2)이 표현을 만나면 컴파일러는 함수 호출 string1.operator ()(2,2)을 생성한다. 이 호출이 실행되면, 스트링 "IO"을 포함하는 String 객체가 동적으로 만들어져 반환된다.

라인 44

```
inline int getLength() const; //return string length
```

은 String 객체의 길이를 반환하는 함수를 선언한다. 이 함수는 라인 181에 정의되어 있다.

5.10 ++와 --의 중첩

증가와 감소 연산자들에는 전위증가, 후위증가, 전위감소, 후위감소가 있다. 이들 모두가 중첩될 수 있다. 전위증가와 후위증가를 구분 지을 수 있도록 특별한 특징을 갖게 하여야 한다. 예를 들어, Date 객체인 d1의 날짜에 1을 더한다고 생각해 보자. 컴파일러가 다음의 전위증가 표현을 만나면

```
++d1
```

다음과 같이 번역한다.

```
d1.operator++()
```

이것의 원형(prototype)은 다음과 같다.

```
Date &operator++();
```

만일 전위증가가 비멤버 함수로 구현되면 컴파일러가 다음의 표현을 만날 때

```
++d1
```

컴파일러는 다음과 같이 번역하는데

```
operator++( d1 )
```

이것의 원형은 Date 클래스에 다음과 같이 선언될 것이다.

```
friend Date &operator++( Date & );
```

후위증가 연산자일 경우에는 약간 다르게 번역된다. 컴파일러가 다음과 같은 후위증가 표현을 만나면

```
d1++
```

다음과 같이 번역한다.

```
d1.operator++( 0 )
```

이것의 원형은 다음과 같다.

```
Date operator++( int )
```

여기서 0은 후위증가와 전위증가를 구별할 수 있게 하는 "무의미한 값"이다.

만일 후위증가가 비멤버 함수로 구현되면 컴파일러가 다음 표현을 만

날 때

```
d1++
```

다음과 같이 번역한다.

```
operator++( d1, 0 )
```

이것의 원형은 다음과 같다.

```
friend Date operator++( Date &, int );
```

다시 0은 후위증가와 전위증가를 구별할 수 있게 하는 "무의미한 값"으로 컴파일러에 의해 사용되는 것이다.

이와 같은 원리는 모든 전위증가와 후위증가 연산자에 동일하게 적용된다. 다음 절에서 Date 클래스를 대상으로 중첩된 전위증가와 후위증가 연산자가 어떻게 적용되는지 살펴보고자 한다.

5.11 사례연구3: Date 클래스

그림 5.6은 Date 클래스를 정의하고 중첩된 전위증가와 후위증가 연산자를 사용하여 day에 1을 더할 수 있도록 하였다. 필요한 경우 month와 year도 증가된다.

```
// date.h: Date 클래스

#ifndef DATE1_H
#define DATE1_H
#include <iostream>

using std::ostream;

class Date {
   friend ostream &operator<<( ostream &, const Date & );

public:
   Date( int m = 1, int d = 1, int y = 1900 );
   void setData( int, int, int );
   Date &operator++();              // 전위증가 연산자
   Date operator++( int );          // 후위증가 연산자
   const Date &operator+=( int ); // 날짜를 증가하고 객체를 수정함
   bool leapYear( int ) const;      // 윤년 검사
   bool endOfMonth( int ) const;  // 달의 마지막 날인지 검사

private:
   int month;
   int day;
   int year;

   static const int days[];      // 각 달의 날짜 수를 모은 배열
   void helpIncrement();          // 유틸리티 함수
};

#endif
```

그림 5.6 중첩된 증가 연산자의 예—date.h

```
// date.cpp: 멤버한수 정의
```

```
#include <iostream>
#include "date.h"

// 파일 범위의 정적 멤버 초기화;
// 여기서는 한 클래스 범위
const int Date::days[] = { 0, 31, 28, 31, 30, 31, 30,
                           31, 31, 30, 31, 30, 31 };

// Date 생성자
Date::Date( int m, int d, int y ) { setDate( m, d, y ); }

// 날짜를 설정
void Date::setDate( int mm, int dd, int yy )
{
   month = ( mm >= 1 && mm <= 12 ) ? mm : 1;
   year = ( yy >= 1900 && yy <= 2100 )? yy : 1900;

   // 윤년 검사
   if ( month == 2 && leapYear( year ) )
      day = ( dd >= 1 && dd <= 29 ) ? dd : 1;
   else
      day = ( dd >= 1 && dd <= days[ month ] ) ? dd : 1;
}

// 전위증가 연산자
Date &Date::operator++()
{
   helpIncrement();
   return *this;  // lvalue를 만들기 위해 참조를 반환
}

// 후위증가 연산자
// 주의: 인자의 이름은 필요없고, 컴파일러에 의해
```

```
// 자동으로 만들어진 0가 전달된다.
Date Date::operator++( int )
{
   Date temp = *this;
   helpIncrement();

   // 날짜는 증가되어 있지만, 증가되지 않은 값을 반환,
   return temp;   // 값을 반환; 참조 반환이 아님
}

// 날짜에 특정한 날 수를 더함
const Date &Date::operator++( int additionalDays )
{
   for ( int i = 0; i < additionalDays; i++ )
      helpIncrement();

   return *this;    // 연쇄를 가능케 함
}

// 윤년이면 true를 반환
// 아니면 false를 반환
bool Date::leapYear( int y ) const
{
   if ( y % 400 == 0 || ( y % 100 != 0 && y % 4 == 0 ) )
      return true;   // 윤년
   else
      return false; // 윤년 아님
}

// day가 달의 끝날인지 검사
bool Date::endOfMonth( int d ) const
{
   if ( month == 2 && leapYear( year ) )
      return d == 29;  // 윤년의 경우 2월의 끝날
```

```
   else
      return d == days[ month ];
}

// 날짜의 증가를 돕는 유틸리티 함수
void Date::helpIncrement()
{
   if ( endOfMonth( day ) && month == 12 ) {  // 년의 끝
      day = 1;
      month = 1;
      ++year;
   }
   else if ( endOfMonth( day ) ) {            // 달의 끝
      day = 1;
      ++month;
   }
   else          // 년 혹은 달의 끝이 아니면 day 증가
      ++day;
}

// 중첩된 출력 연산자
ostream &operator<< ( ostream &output, const Date &d )
{
   static char *monthName[ 13 ] = { "", "January",
      "February", "March", "April", "May", "June",
      "July", "August", "September", "October",
      "November", "December" };

   output << monthName[ d.month ] << ' '
          << d.day << ", " << d.year;

   return output;   // 연쇄를 가능케 함
}
```

그림 5.6 중첩된 증가 연산자의 예—date.cpp

```
// main.cpp: 드라이버 루틴

#include <iostream>

using std::cout;
using std::endl;

#include "date.h"

int main()
{
   Date d1, d2( 12, 27, 1992 ), d3( 0, 99, 8045 );
   cout << "d1 is " << d1
        << "₩nd2 is " << d2
        << "₩nd3 is " << d3 << "₩n₩n";

   cout << "d2 += 7 is " << ( d2 += 7 ) << "₩n₩n";

   d3.setDate( 2, 28, 1992 );
   cout << "  d3 is " << d3;
   cout << "₩n++d3 is " << ++d3 << "₩n₩n";

   Date d4( 3, 18, 1969 );

   cout << "Testing the preincrement operator:₩n"
        << "  d4 is " << d4 << '₩n';
   cout << "++d4 is " << ++d4 << '₩n';
   cout << "  d4 is " << d4 << "₩n₩n";

   cout << "Testing the postincrement opetator:₩n"
        << "  d4 is " << d4 << '₩n';
   cout << "d4++ is " << d4++ << '₩n';
   cout << "  d4 is " << d4 << endl;

```

```
return 0;
}
```

```
d1 is January 1, 1900
d2 is December 27, 1992
d3 is January 1, 1900

d2 += 7 is January 3, 1993

  d3 is February 28, 1992
++d3 is February 29, 1992

 Testing the preincrement operator:
  d4 is March 18, 1969
++d4 is March 19, 1969
  d4 is March 19, 1969

Testing the postincrement operator:
  d4 is March 19, 1969
d4++ is March 19, 1969
  d4 is March 20, 1969
```

그림 5.6 중첩된 증가 연산자의 예—main.cpp

main은 1990년 1월 1일을 디폴트로 초기화되는 Date 객체 d1과, 1992년 12월 27일로 초기화되는 d2와, 프로그램이 틀린 날짜로 초기화를 시도하는 d3를 생성한다. Date 생성자는 지정된 월, 일 연도를 정당한 값으로 하기 위해 setDate를 호출한다. 만일 month가 정당하지 않으면 1로 설정되고, 정당하지 않은 year는 1900으로 설정되며, 정당하지 않은 day는 1로 설정된다.

중첩된 스트림 삽입 연산자를 사용하여, 각각의 Date 객체를 출력한다. 중첩된 연산자 +=이 d2에 7일을 더하는데 사용된다. 다음으로 setDate 함수가 d3를 1992년 2월 28일로 설정하는 데 사용되며, 다음으로 새로운 Date 객체 d4가 1969년 3월 18일로 설정된다. 그런 뒤 중첩된 전위증가 연산자로 d4가 1만큼 증가된다. 올바른 동작을 확인하기 위해 전위증가의 전후에서 날짜가 인쇄하고, 마지막으로 중첩된 후위증가 연산자를 이용해서 d4가 증가된다. 후위증가의 전후에서 날짜가 인쇄된다.

전위증가 연산자는 유틸리티 함수 helpIncrement를 호출하여 증가를 수행한다. 이 함수는 어떤 달의 마지막 날을 증가할 때 생기는 올림수를 처리한다. 이 올림수는 month의 증가를 요청하여, 만일 month가 이미 12월이면 year가 증가되도록 한다. helpIncrement는 날짜를 올바로 증가시키기 위해 leapYear와 endOfMonth를 사용한다. 전위증가 연산자는 현재 Date 객체의 참조를 반환한다.

후위증가 연산자는 증가되지 않은 Date 객체의 복사본을 반환해야만 한다. 그래서 현재 객체(*this)를 temp에 저장하고, 그 객체를 증가시키기 위해서 helpIncrement를 호출한다. 그리고는 증가되지 않는 temp를 반환한다. temp는 지역변수이고, 지역변수는 함수가 종료될 때 소멸된다. 따라서 이 함수의 반환형을 Date &로 선언하면 존재하지 않는 객체에 대한 참조를 반환하는 결과를 낳기 때문에 오류가 발생한다.

제6장

상속

제6장

상속

6.1 상속: 기저 클래스와 파생 클래스

객체지향 프로그래밍이 제공하는 두 개의 중요한 기능이 상속(inheritance)과 다형성(polymorphism)이다. 상속은 하위 클래스가 상위 클래스의 속성과 행동을 물려 받고 추가적으로 필요한 기능들을 덧붙이거나 재정의함으로써 생성되는 소프트웨어 재사용의 한 형태이다. 소프트웨어의 재사용은 프로그램 개발 기간을 단축해 준다. 그것은 검증되고 디버깅된 고품질 소프트웨어의 재사용을 촉진시키고 따라서 시스템이 가동된 이후에 발생될 수 있는 문제를 줄여준다. 다형성은 이미 존재하거나 아직 명시되지 않은 관련된 다양한 클래스들을 다루기 위한 범용 방식(general fashion)의 프로그래밍을 가능하게 한다. 상속과 다형은 소프트웨어의 복잡성을 다루는 효과적인 기법이다.

하위의 새로운 클래스를 파생 클래스(derived class)라고 한다. 새로운 클래스는 기존의 정의된 기저 클래스(base class)의 데이터 멤버와 멤버 함수들을 상속(inherit) 받을 수 있다. 파생 클래스는 또 다른 파생 클래스의 기저 클래스가 될 수 있다. 단일 상속(single inheritance)은 하나의 기저 클래스로부터 파생되는 것이고, 다중 상속(multiple inheritance)은 여러 개의 기저 클래스들로부터 파생되는 것이다. 상속의 장점은 기저 클래스로부터 상속된 특징들을 파생 클래스 내에서 추가, 교체, 상세화시킬 수 있다는 것이다.

그림 6.1은 몇 개의 상속의 예를 보여준다. Rectangle은 Shape(삼각형, 정사각형, 직사각형, 평생사변형 등을 모두 포함하는 모형) Shape로부터 상속된다고 말할 수 있다. 이런 경우 클래스 Shape를 기저 클래스(base class)라고 부르며 클래스 Rectangle을 파생 클래스(derived class)라고 부른다. '모형의 특수한 경우가 직사각형이지만 직사각형이 상위 개념의 모형'이라고 하는 것은 틀린 것이다.

기저 클래스	파생 클래스
Student	GraduateStudent
	UndergraduateStudent
Shape	Circle
	Triangle
	Rectangle
Loan	CarLoan
	Home ImprovementLoan
	MortgrgeLoan
Employee	FacultyMember
	StaffMember
Account	CheckingAccount
	SavingsAccount

그림 6.1 간단한 상속의 예

상속은 트리 계층구조를 형성한다. 간단한 상속계층을 생각해 보자.

전형적인 대학사회는 수천 명의 구성원으로 구성된다. 이 사람들은 교직원과 학생, 동창들로 구성된다. 교직원은 교원과 직원으로 구성된다. 교원은 관리자(학장과 학과장들) 또는 교수이다. 이것은 그림 6.2에 보이는 트리 계층구조를 형성한다. 몇몇 관리자는 교수일 수도 있기 때문에 우리는 AdministratorTeacher라는 클래스 형태에 다중상속을 사용한다. 학생은 가끔 학교를 위해 일을 하기 때문에 그리고 교직원은 가끔 수업을 듣기 때문에 EmployeeStudent라는 클래스를 다중상속으로 표현되었다. 또 다른 예는 그림 6.3의 모형(shape) 계층이다. 실세계에 풍부한 계층들의 예가 있다.

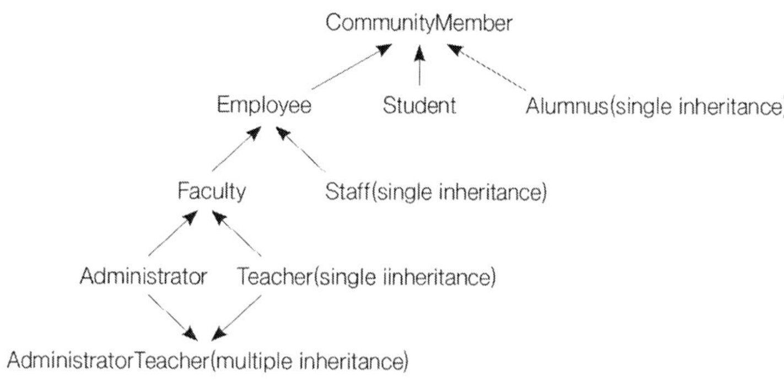

그림 6.2 대학 구성원들의 상속 계층

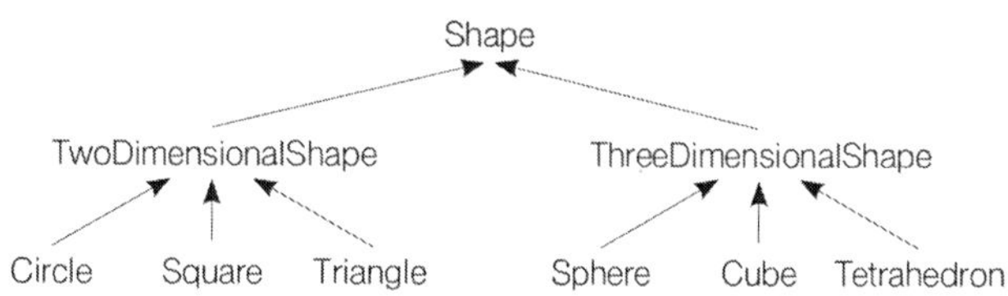

그림 6.3 Shape 클래스 계층의 일부

클래스 CommissionWorker가 클래스 Employee로부터 파생된 것

을 명시하려면 다음과 같이 표현한다.

```
class CommissionWorker : public Employee {
    ...
};
```

public 상속

이것을 public 상속이라 부르는데 가장 많이 사용되는 상속 방식이다. private 상속과 protected 상속도 있다. public 상속에서는 기저 클래스의 public 멤버와 protected 멤버가 파생 클래스의 public 멤버와 protected 멤버로 각기 상속된다. 기저 클래스의 private 멤버는 그 클래스의 파생 클래스들로부터 접근할 수 없다. friend 함수는 상속되지 않는다.

기저 클래스에 표현된 그대로 파생 클래스에서 사용할 수 있는 것이 public 상속이다. C와 같은 비객체지향 언어에서는 제공되지 않는 프로그램의 간편성을 제공하는 이러한 관계를 여러 예제를 통해 보게 될 것이다.

protected 상속

기저 클래스의 public 멤버는 프로그램 내의 모든 함수에서 접근이 가능하다. 기저 클래스의 private 멤버는 기저 클래스의 멤버 함수와

friend 함수에 의해서만 접근 가능하다.

기저 클래스의 protected 멤버는 기저 클래스의 멤버와 friend, 또 파생 클래스의 멤버와 friend들에 의해서만 접근 가능하다. 파생 클래스에서는 기저 클래스의 public와 protected 멤버들을 접근할 수 있다. protected 데이터는 캡슐화를 "깬다". 기저 클래스의 protected 멤버를 변경하면 모든 파생 클래스를 변경해야 할 수도 있다. 그러므로 데이터는 private로 선언하고 특별한 성능적인 요구하는 경우에만 마지막 수단으로 protected를 사용하는 것이 좋다.

6.2 기저 클래스 포인터에서 파생 클래스 포인터로 형변환

public 상속으로 파생된 클래스의 객체는 해당되는 기저 클래스의 객체로 취급될 수 있기 때문에 재미있는 조작을 가능케 한다. 예를 들면 어떤 기저 클래스에서 파생된 다양한 클래스들의 객체들을 그것들의 연결 리스트를 생성할 수 있다. 그러나 역은 성립되지 않는다. 기저 클래스 객체가 자동적으로 파생 클래스 객체가 되는 것은 아니다. 기저 클래스 객체를 파생 클래스 객체로 취급하는 것은 오류를 유발한다.

그러나 명시적 형변환을 통해 기저 클래스 포인터를 파생 클래스 포인터로 변환(casting)할 수 있다. 이런 작업을 다운 캐스팅(down-casting)이라 부른다. 그러나 조심해야 한다. 만일 이런 포인터가 역참조되면 포인터의 타입이 그 포인터가 가르키는 객체의 타입과 일치하는 것을 확인해야 한다. 기저 클래스 객체를 가리키는 기저 클래스 포인터를 파생 클래스 포인터로 명시적인 형변환을 한 다음 그 객체에는 존재하지 않는 파생 클래스 멤버를 참조하는 것은 실행시간 논리오류를 일으킬 수 있다. C++에는 실행시간 타입 확인(RTTI), dynamic_cast, typeid 같은 것이 있다.

그림 6.4는 기저 클래스 포인터를 파생 클래스 포인터로 형변환하는 예제이다. Point 클래스와 Circle 클래스가 정의되어 있고, 107에서 147 라인에서 파생 클래스 포인터를 기저 클래스 포인터로 대입하고(포인터의 업 캐스팅이라고도 부름) 또 기저 클래스 포인터를 파생 클래스 포인터로 대입해서 (포인터의 다운 캐스팅이라고도 부름) 데이터를 출력해 한 것이다.

```
1 // point.h: Point 클래스 정의
2
3 #ifndef POINT_H
4 #define POINT_H
5
6 #include <iostream>
7
8 using std::ostream;
9
10 class Point {
11    friend ostream &operator<<( ostream &, const Point & );
12 public:
13    Point( int = 0, int = 0 );
14    void setPoint( int, int );      // 좌표 설정
15    int getX() const { return x; }
16    int getY() const { return y; }
17 protected:          // 파생 클래스에서 접근 가능
```

```
    int x, y;
};

#endif
```

그림 9.4 기저 클래스 포인터를 파생 클래스 포인터로 형변환—point.h

```
// point.cpp: 멤버함수

#include <iostream>
#include "point.h"

// 생성자
Point::Point( int a, int b ) { setPoint( a, b ); }

// Point에 좌표 설정
void Point::setPoint( int a, int b )
{
    x = a;
    y = b;
}

// 중심좌표 출력
ostream &operator<<( ostream &output, const Point &p )
{
    output << '[' << p.x << ", " << p.y << ']';

    return output;  // 연쇄호출 가능
}
```

그림 9.4 기저 클래스 포인터를 파생 클래스 포인터로 형변환—point.cpp

```
// circle.h: Circle 클래스 정의

#ifndef CIRCLE_H
```

```
#define CIRCLE_H

#include <iostream>

using std::ostream;

#include <iomanip>

using std::ios;
using std::setiosflags;
using std::setprecision;

#include "point.h"

class Circle : public Point {  // Point로부터 상속
   friend ostream &operator<<( ostream &, const Circle & );
public:
   // default constructor
   Circle( double r = 0.0, int x = 0, int y = 0 );

   void setRadius( double );   // 반지름 설정
   double getRadius() const;
   double area() const;
protected:
   double radius;
};

#endif
```

그림 6.4 기저 클래스 포인터를 파생 클래스 포인터로 형변환—circle.h

```
// circle.cpp: 멤버함수

#include "circle.h"
```

```cpp

// Circle 생성자: Point 생성자를 호출함.
// 멤버 초기자 사용하여 반지름 초기화
Circle::Circle( double r, int a, int b )
   : Point( a, b )
{ setRadius( r ); }

// Circle의 반지름 설정
void Circle::setRadius( double r )
   { radius = ( r >= 0 ? r : 0 ); }

// Circle의 반지름 획득
double Circle::getRadius() const { return radius; }

// Circle의 면적 계산
double Circle::area() const
   { return 3.14159 * radius * radius; }

// Circle을 출력 양식:
// Center = [x, y]; Radius = #.##
ostream &operator<<( ostream &output, const Circle &c )
{
   output << "Center = " << static_cast< Point >( c )
          << "; Radius = "
          << setiosflags( ios::fixed | ios::showpoint )
          << setprecision( 2 ) << c.radius;

   return output;   // 연쇄호출 가능
}
```

그림 6.4 기저 클래스 포인터를 파생 클래스 포인터로 형변환—circle.cpp

```cpp
// main.cpp
```

```
// 다운 캐스팅
#include <iostream>

using std::cout;
using std::endl;

#include <iomanip>

#include "point.h"
#include "circle.h"

int main()
{
   Point *pointPtr = 0, p( 30, 50 );
   Circle *circlePtr = 0, c( 2.7, 120, 89 );

   cout << "Point p: " << p << "₩nCircle c: " << c << '₩n';

   // Circle을 Point로 취급 (기저 클래스의 부분으로 봄)
   pointPtr = &c;  // Circle의 주소를 pointPtr에
   cout << "₩nCircle c (via *pointPtr): "
        << *pointPtr << '₩n';

   // Circle을 Circle로 취급
   // 업 캐스팅
   circlePtr = static_cast< Circle * >( pointPtr );
   cout << "₩nCircle c (via *circlePtr):₩n" << *circlePtr
        << "₩nArea of c (via circlePtr): "
        << circlePtr->area() << '₩n';

   // 위험: Point를 Circle로 취급
   pointPtr = &p;  // Point의 주소를 pointPtr에

   // 다운 캐스팅
```

```
    circlePtr = static_cast< Circle * >( pointPtr );
    cout << "₩nPoint p ( via *circlePtr):₩n" << *circlePtr
        << "₩nArea of object circlePtr points to: "
        << circlePtr->area() << endl;
    return 0;
}
```

```
Point p: [30, 50]
Circle c: Center = [120, 89]; Radius = 2.70

Circle c ( via *pointPtr): [120, 89]

Circle c ( via *circlePtr):
Center = [120, 89]; Radius = 2.70
Area of c (via circlePtr): 22.90

Point p ( via *circlePtr):
Center = [30, 50]; Radius = 0.00
Area of object circlePtr points to: 0.00
```

그림 6.4 기저 클래스 포인터를 파생 클래스 포인터로 형변환—main.cpp

클래스 Circle은 클래스 Point로부터 public상속으로 상속을 받는다. 콜론(:)은 상속을 나타낸다.

```
class Circle : public Point { // Point로부터 상속
```

public 상속은 Point의 모든 public 및 protected 멤버들이 클래스 Circle에 public 및 protected 멤버로 상속됨을 나타낸다. 이것은 Circle에서 Point의 public 멤버들을 접근할 수 있다는 의미이다. Circle 생성자는 Circle 객체를 초기화하기 위해 Point 생성자를 호출하고, 멤버 초기자를 통해 반지름을 초기화 한다.

main은 Point 객체에 대한 포인터 PointPtr와 Point 객체 p를 생성

한 다음, Circle 객체에 대한 포인터 circlePtr와 Circle 객체 c를 생성한다. 그리고 파생 클래스 포인터(객체 c의 주소)를 기저 클래스 포인터 pointPtr에 대입한다(업 캐스팅). Point를 위한 중첩된 스트림 삽입 연산자와 역참조된 포인터 *pointPtr을 사용해서 Circle 객체 c를 출력한다. Circle 객체 c의 Point 부분만 보여짐을 주목하라. public 상속으로, 파생 클래스 객체는 기저 클래스 객체이기 때문에 파생 클래스 포인터를 기저 클래스 포인터에 대입하는 것은 항상 정당하다. 기저 클래스는 파생 클래스 객체의 기저 클래스 부분만을 "본다". 컴파일러는 파생 클래스 포인터에서 기저 클래스 포인터로의 묵시적 변환을 실행한다.

다음으로, pointPtr을 다시 Circle *로 형변환하는 것을 예시한다. 형변환 연산의 결과는 circlePtr에 대입된다. Circle을 위해 중첩된 스트림 삽입 연산자와 역참조된 포인트 *circlePtr을 이용해 Circle 객체 c가 출력된다. Circle 객체 c의 면적은 circlePtr을 통해서 출력된다. 그 포인터가 항상 Circle 객체를 가리키기 때문에 그 결과는 올바른 면적이 된다.

기저 클래스 포인터를 파생 클래스 포인터에 대입(다운 캐스팅)하는 것은 원천적으로 위험한 대입이기 때문에 직접 대입할 수 없다. 파생 클래스 포인터는 파생 클래스 객체를 가리킬 것을 기대한다. 이 경우는 컴파일러가 묵시적 변환을 실행하지 않는다. 명시적 형변환을 사용하는 것은 이런 종류의 포인터 변환은 위험하다는 것을 컴파일러에게 알리는 것이며, 포인터를 적절히 사용하는 것은 프로그래머의 책임이다.

다음으로 기저 클래스 포인터(객체 p의 주소)를 기저 클래스 포인터 pointPtr에 대입하고 pointPtr을 다시 Circle *로 형변환하는 것을 예시한다. 형변환 연산의 결과가 circlePtr에 대입된다. Circle을 위해 중첩된 operator<<과 역 참조된 포인터 *circlePtr을 이용해서 Point 객체 p가

출력된다. 반지름 값으로 이상한 값이 출력되었음을 주목하라(circlePtr이 Point 객체를 가리키고 있기 때문에 실제로는 존재하지 않는다). Point를 Circle로 출력하는 것은 그 포인터가 항상 Point 객체를 가리키고 있기 때문에 틀린 radius 값을 보이게 되어 0이 출력된다. Point 객체는 radius 멤버를 갖지 않는다. circlePtr이 가리키는 객체(Point 객체 p)의 면적은 circlePtr을 통해서도 출력된다. 면적값의 계산이 "존재하지 않는 값" radius에 근거하기 때문에 면적이 0.00으로 나타난다. 존재하지 않는 멤버 함수를 호출하면 프로그램이 깨질 수 있다. 포인터 변환은 다음 장에서 다루게 될 다형성의 기초가 된다.

6.3 함수 재정의(override)

파생 클래스의 함수가 기저 클래스와 동일한 시그너처(signature-동일한 함수명, 동일한 인수 타입, 동일한 인수 갯수)를 지닌 새로운 함수를 제공함으로써 기저 클래스의 멤버 함수를 재정의(override)할 수 있다. 만약 시그너처가 다르다면 이것은 함수 재정의가 아니라 함수 중첩(overloading)이다. 파생 클래스에서 그 함수가 호출되면 파생 클래스의 버전이 자동적으로 선택된다. 파생 클래스에서 기저 클래스의 버전을 접근하려면 범위 해결 연산자(scope resolution operator ::)를 사용하여야 한다.

그림 6.5의 클래스 Employee에는 고용인의 firstName과 lastName

이 있고, Employee로부터 HourlyWorker, PieceWorker, Boss 및 CommissionWorker 클래스들이 파생된다. HourlyWorker는 급여를 시간당으로 받고 주당 40시간을 넘는 시간에 대해서 1.5배의 초과수당을 받는다. PieceWorker는 생산 수량당 정해진 값의 급료를 받는다. private 데이터는 생산된 물건의 수와 단가가 된다. Boss는 주당 급료를 받는다. CommissionWorker는 소액의 주당 급료와 주당 판매 실적의 비율을 지급받는다.

```
// employ.h
// Employee 클래스 정의
#ifndef EMPLOY_H
#define EMPLOY_H

class Empolyee {
public:
   Empolyee( const char *, const char * );
   void print() const;
   ~Empolyee();
private:
   char *firstName;
   char *lastName;
};

#endif
```

그림 6.5 파생 클래스에서 재정의한 기저 클래스 멤버—employ.h

```
// employ.cpp
// 멤버함수
#include <iostream>

```

```
using std:: cout;

#include <cstring>
#include <cassert>
#include "empoly.h"

// 생성자: first와 last name을 위한 동적
// 공간을 마련하고, strcpy를 사용해서
// first와 last name을 객체 내에 복사
Employee::Empolyee( const char *first, const char *last )
{
   firstName = new char[ strlen( first ) + 1 ];
   assert( firstName != 0 );
   strcpy( firstName, first );

   lastName = new char[ strlen( last ) + 1 ];
   assert( lastName != 0 );
   strcpy( lastName, last );
}

// employee 이름 출력
void Empolyee::print() const
   { cout << firstName << ' ' << lastName; }

// 소멸자
Empolyee::~Empolyee()
{
   delete [] firstName:
   delete [] lastName:
}
```

그림 6.5 파생 클래스에서 재정의한 기저 클래스 멤버—employ.cpp

```
// hourly.h
```

```
// HourlyWorker 클래스 정의
#ifndef HOURLY_H
#define HOURLY_H

#include "employ.h"

class HourlyWorker : public Employee {
public:
   HourlyWorker( const char*, const char*, double, double );
   double getPay() const;
   void print() const;
private:
   double wage;
   double hours;
};

#endif
```

그림 6.5 파생 클래스에서 재정의한 기저 클래스 멤버—hourly.h

```
// hourly.cpp
// 멤버함수
#include <iostream>

using std::cout;
using std::endl;

#include <iomanip>

using std::ios;
using std::setiosflags;
using std::setprecision;

#include "hourly.h"
```

```
// 생성자
HourlyWorker::HourlyWorker( const char *first,
                            const char *last,
                            double initHours, double initWage )
   : Employee( first, last )
{
   hours = initHours;
   wage = initWage;
}

// HourlyWorker의 급료를 계산
double HourlyWorker::getPay() const { return wage * hours; }

// HourlyWorker의 이름과 급료를 출력
void HourlyWorker::print() const
{
   cout << "HourlyWorker::print() is executing₩n₩n";
   Employee::print();

   cout << " is an hourly worker with pay of $"
        << setiosflags( ios::fixed | ios::showpoint )
        << setprecision( 2 ) << getPay() << endl;
}
```

그림 6.5 파생 클래스에서 재정의한 기저 클래스 멤버—hourly.cpp

```
// main.cpp
// 파생 클래스 내에 기저 클래스의
// 멤버함수를 재정의
#include "hourly.h"

int main()
{
```

```
    HourlyWorker h( "Bob" , "Smith", 40.0, 10.00 );
    h.print();
    return 0;
}
```

```
HourlyWorker::print() is executing

Bob Smith is an hourly worker with pay of $400.00
```

그림 6.5 파생 클래스에서 재정의한 기저 클래스 멤버—main.cpp

HourlyWorker는 Employee로부터 public상속으로 상속된다.

```
class HourlyWorker : public Employee
```

HourlyWorker는 Employee의 print 함수와 HourlyWorker의 멤버 함수 getPay와 print이다. 또한 private 데이터 wage와 hours를 포함한다. HourlyWorker의 print는 Employee::print()를 사용하면서 재정의되어 있다. 재정의된 함수는 때로는 새로운 임무의 일부분을 실행하기 위해 기저 클래스 버전을 호출하기도 한다. 이 예제에서 파생 클래스의 print 함수는 고용인의 이름을 출력하기 위해서 기저 클래스 print 함수를 호출하며, 또 고용인의 급료를 출력한다. print 함수의 기저 클래스 버전이 호출된 방식에 주의하자.

```
Employee::print();
```

6.3 public, protected 및 private 상속

기저 클래스 멤버 접근 지정자	상속 형태		
	public 상속	**protected 상속**	**private 상속**
public	파생 클래스에서도 public non-static 멤버 함수, friend함수, 비멤버 함수에 의해 직접적으로 접근 가능	파생 클래스에서는 protected 모든 non-static 멤버 함수와 friend 함수에 의해 직접적으로 접근 가능	파생 클래스에서는 private 모든 non-static 멤버 함수와 friend 함수에 의해 직접적으로 접근 가능
protected	파생 클래스에서도 protected non-static 멤버 함수와 friend함수 의해 직접적으로 접근 가능	파생 클래스에서도 protected 모든 non-static 멤버 함수와 friend함수에 의해 직접적으로 접근 가능	파생 클래스에서는 private 모든 non-static 멤버 함수와 friend함수에 의해 직접적으로 접근 가능
private	파생 클래스에서도 숨겨짐. 기저 클래스의 public 또는 protected 멤버 함수를 통한 non-static 멤버 함수와 friend 함수에 의해 직접적으로 접근 가능	파생 클래스에서도 숨겨짐. 기저 클래스의 public 또는 protected 멤버 함수를 통한 non-static 멤버 함수와 friend 함수에 의해 직접적으로 접근 가능	파생 클래스에서도 숨겨짐. 기저 클래스의 public 또는 protected 멤버 함수를 통한 non-static 멤버 함수와 friend 함수에 의해 직접적으로 접근 가능

그림 6.6 파생 클래스속에서 기저 클래스멤버 접근가능성의 요약

기저 클래스로부터 클래스를 파생될 때 public, protected 또는 private으로 상속될 수 있다. protected 상속과 private 상속은 사용하는 경우가 드물고 주로 public 상속한다. 그림 6.6은 기저 클래스에서의 멤버 접근 지정자와 상속의 종류에 근거하여 파생 클래스에서 기저 클래

스 멤버의 접근성을 요약한 것이다. 첫번째 열은 기저 클래스 멤버 접근 지정자를 나타낸다.

public 기저 클래스로부터 클래스가 파생될 때 기저 클래스의 public 멤버는 파생 클래스의 public 멤버가 되고 기저 클래스의 protected 멤버는 파생 클래스의 protected 멤버가 된다. 기저 클래스의 private 멤버는 파생 클래스로부터 절대로 직접 접근될 수 없으나 기저 클래스의 public 와 protected 멤버를 호출하면 접근할 수 있다.

protected 기저 클래스로부터 클래스가 파생될 때 기저 클래스의 public 및 protected 멤버들은 파생 클래스의 protected 멤버가 된다. private 기저 클래스로부터 클래스가 파생될 때 기저 클래스의 public 및 protected 멤버들은 파생 클래스의 private 멤버가 된다. private 및 protected 상속은 "is a"의 관계가 아니다.

6.4 파생 클래스에서 생성자와 소멸자의 사용

파생 클래스는 기저 클래스로부터 상속 받기 때문에 파생 클래스의 객체가 생성될 때, 파생 클래스 객체의 기저 클래스 멤버들을 초기화시키기 위해서 기저 클래스 생성자가 호출되어야만 한다. 기저 클래스 생성자를 호출하기 위해서 파생 클래스 생성자에게 기저 클래스 초기값이 제공될 수 있다. 만일 그것이 제공되지 않으면 파생 클래스 생성자는 기저 클래스의 디폴트 생성자를 묵시적으로 호출하게 된다.

기저 클래스 생성자와 대입 연산자는 파생 클래스에 상속되지 않는다. 그러나 파생 클래스 생성자와 대입 연산자는 기저 클래스 생성자와 대입 연산자를 호출할 수 있다.

파생 클래스 생성자는 기저 클래스 멤버를 초기화시키기 위해서 기저 클래스의 생성자를 먼저 호출한다. 만일 파생 클래스 생성자가 생략되었으면 파생 클래스의 디폴트 생성자가 기저 클래스 생성자를 호출한다. 소멸자는 생성자 호출의 역순으로 호출된다. 따라서 파생 클래스 소멸자는 기저 클래스 소멸자가 호출되기 전에 호출된다.

그림 6.7은 기저 클래스와 파생 클래스의 생성자와 소멸자가 호출되는 순서를 보이는 예제 프로그램이다. 1~39라인에서는 생성자, 소멸자 및 protected 데이터 x와 y를 포함하는Point 클래스를 정의한다.

40~81라인은 Circle 클래스가 있다. Circle 생성자는 멤버 초기자를 사용하여 Point 생성자를 호출하는데 a와 b 값을 전달하여 기저 클래스 멤버가 초기화되도록 한다.

```
1  // point.h
2  // Point 클래스
3  #ifndef POINT_H
4  #define POINT_H
5
6  class Point {
7  public:
8      Point( int = 0, int = 0 );
9      ~Point( );
10 protected:
11     int x, y;    // Point의 x, y 좌표
12 };
```

```

#endif
```

그림 6.7 상속에서의 생성자와 소멸자 호출 순서—point.h

```
// point.cpp
// 멤버함수 정의
#include <iostream>

using std::cout;
using std::endl;

#include "point.h"

// 상속자
Point::Point( int a, int b )
{
   x = a;
   y = b;

   cout << "Point constructor: "
        << '[' << x << ", " << y << ']' << endl;
}

// 소멸자
Point::~Point()
{
   cout << "Point destructor:  "
        << '[' << x << ", " << y << ']' << endl;
}
```

그림 6.7 상속에서의 생성자와 소멸자 호출 순서—point.cpp

```
// circle.h
// Circle 클래스
```

```
#ifnded CIRCLE_H
#define CIRCLE_H

#include "point.h"

class Circle : public Point {
public:
    // 디폴트 생성자
    Circle( double r = 0.0, int x = 0, int y = 0 );

    ~Circle();
private:
    double radius;
};

#endif
```

그림 6.7 상속에서의 생성자와 소멸자 호출 순서—cirlcle.h

```
// circle.cpp
// 멤버함수 정의
#include <iostream>

using std::cout;
using std::endl;

#include "circle.h"

// 생성자
Circle::Circle( double r, int a, int b )
    : Point( a, b )    // Point 생성자를 호출
{
    radius = r;
    cout << "Circle constructor: radius is "
```

```
        << radius << " [" << x << ", " << y << ']' << endl;
}

// 소멸자
Circle::~Circle()
{
   cout << "Circle destructor: radius is "
        << radius << " [" << x << ", " << y << ']' << endl;
}
```

그림 6.7 상속에서의 생성자와 소멸자 호출 순서—cirlcle.cpp

```
// main.cpp
// 기저 클래스와 파생 클래스의 생성자와
// 소멸자가 호출되는 순서를 보이는 예시
#include <iostream>

using std::cout;
using std::endl;

#include "point.h"
#include "circle.h"

int main()
{
   // Point의 생성자와 소멸자가 호출되는 순서를 보임
   {
      Point p( 11, 22 );
   }

   cout << endl;
   Circle circle1( 4.5, 72, 29 );
   cout << endl;
   Circle circle2( 10, 5, 5 );
```

```
104     cout << endl;
105     return 0;
106 }
```

```
Point    constructor:    [11, 22]
Point    destructor:     [11, 22]

Point    constructor:    [72, 29]
Circle   constructor:    radius is 4.5 [72, 29]

Point    constructor:    [5, 5]
Circle   constructor:    radius is 10 [5, 5]

Circle   destructor:     radius is 10 [5, 5]
Point    destructor:     [5, 5]
Circle   destructor:     radius is 4.5 [72, 29]
Point    destructor:     [72, 29]
```

그림 6.7 상속에서의 생성자와 소멸자 호출 순서—main.cpp

82~106라인의 구동 프로그램은 main의 가시구역 안에서 먼저 Point 객체를 생성하고(이 객체는 가시구역을 들어오자 말자 즉시 나가기 때문에 생성자와 소멸자 모두가 호출된다.) 다음으로 Circle 객체 circle1과 circle2를 생성된다. 이때마다 Point와 Circle 생성자들이 호출된다. Point 생성자의 몸체가 Circle 생성자의 몸체 이전에 실행됨을 주목하자. main의 끝에 이르러서 circle1과 circle2 객체들에 대한 소멸자가 실행된다. 소멸자는 해당되는 생성자의 호출 순서의 역순으로 호출되고, 따라서 객체 circle2에 대한 Circle 소멸자와 Point 소멸자가 차례로 호출되고 다음으로 객체 circle1에 대한 Circle 소멸자와 Point 소멸자가 차례로 호출된다.

6.5 파생 클래스 객체에서 기저 클래스 객체로 형변환

파생 클래스 객체는 기저 클래스 객체("is-a" 관계)이기도 하지만, 파생 클래스형과 기저 클래스형은 다른 것이다. public 상속에서 파생 클래스 객체는 기저 클래스 객체로 취급될 수 있고, 그래서 파생 클래스는 기저 클래스 멤버들을 사용할 수 있다(업 캐스팅은 자연스러움).

그러나 반대 방향으로는 허용되지 않는다. 파생 클래스 객체를 해당 기저 클래스에 대입하고 새로운 기저 클래스 객체에서 파생 클래스에만 있는 멤버를 참조하는 것은 구문오류이다. 이러한 대입이 "자연적"으로는 허용되지 않지만 적절하게 중첩된 대입 연산자나 형변환 연산자를 사용함으로 가능해질 수 있다(다운 캐스팅은 부자연스러움).

기저 클래스 포인터와 파생 클래스 포인터, 그리고 기저 클래스 객체와 파생 클래스 객체를 조합하는 네 가지 가능한 방법은 다음과 같다.

1. 기지 클래스의 포인터로 기저 클래스 객체를 참조하는 것은 당연하다.
2. 파생 클래스의 포인터로 파생 클래스 객체를 참조하는 것은 당연하다.
3. 기저 클래스 포인터로 파생 클래스 객체를 참조하는 것은 파생 클래스 객체가 기저 클래스 객체도 되기 때문에 안전하다. 이러한 코드는 기저 클래스 멤버만을 참조할 수 있다. 그러나 기저 클래스 포인터를 통해서 파생 클래스에만 있는 멤버를 참조하면 컴파일러는 구문오류이다.
4. 파생 클래스 포인터로 기저 클래스 객체를 참조하는 것은 구문오류이다. 파생 클래스 포인터는 먼저 기저 클래스 포인터로 형 변환이 되어야 한다.

파생 클래스 객체를 기저 클래스 객체로 취급하고, 또한 모든 객체를 기저 클래스 포인터로 조작하는 것은 간편한 것 같지만 이렇게 하는 데는 문제가 있다. 예를 들어 급여 시스템에서 고용인의 연결 리스트를 따라가면서 각 사람의 주급을 계산할 수 있기를 원할 수 있다. 그러나 기저 클래스 포인터를 사용하는 것은 프로그램이 기저 클래스 급여 계산 루틴(기저 클래스에 그러한 루틴이 있다고 가정하고)만을 사용할 수 있게 한다. 이런 경우에는 각 객체가 기저 클래스 객체이든지 파생 클래스 객체이든지 간에, 단순히 기저 클래스 포인터를 사용함으로써 각 객체에 대한 적절한 급여 계산 루틴을 호출할 수 있어야 한다. 다음 7장에서 다루게 될 버추얼함수와 다형성에서 이 문제를 다루게 된다.

6.6 포함과 상속 그리고 연관 관계

public 상속(inheritance)은 is-a 관계를 나타낸다. 또한 클래스가 다른 클래스를 멤버로 포함(composition)하는 것은 has-a 관계이다. has-a 관계가 때로는 더 명확한 경우가 있다.

예를 들어 클래스 Employee, BirthDate, TelephoneNumber가 있을 때, 'Employee는 BirthDate이다' 또는 'Employee는 TelephoneNumber이다'라고 하는 것은 부적절하다. 그러나 'Employee는 BirthDate를 갖는다' 또는 'Employee는 TelephoneNumber를 갖는다'라고 말하는 것은 개념을 명확히 한다. 기존 클래스에 포함된 클래스는 기존 클래스 내에서 멤버 객체로 작용된다. 이것은 상속에서 기저 클래스가 파생 클래스를 하나의 멤버로 보는 것과 같다.

이런 관계를 use-a 관계라고 한다. 상속과 포함은 당연히 use-a 관계를 내포하지만, 상속도 아니면서 포함도 아니면서 use-a 관계를 나타낼 수 있다. 예를 들어, 사람 객체는 차가 아니며 또한 차를 포함하지도 않지만 사람은 차를 사용(use)한다. 즉, 한 객체에서 다른 객체의 이름이나 포인터, 참조를 이용하여 함수 호출함으로써 사용(use)할 수 있다. 이것은

know-a 관계라고도 할 수 있다. 하나의 객체가 다른 객체를 아는(know) 방법은 다른 객체의 이름이나 포인터, 참조를 포함해야만 알 수 있다. 하나의 객체에서 다른 객체를 know할 수 있는 방법은 다른 객체가 전역(global)으로 선언되어 있는 경우와 인수로 전달받는 경우가 있다. 물론 상속과 포함을 통해서 기존 객체 내에서 멤버로 사용되는 경우도 know할 수 있는 방법이다. 이 모든 것을 합해서 두 객체가 서로 연관(association)되어 있다고 한다.

6.7 사례연구: 2단계 파생

상속의 예로 점, 원, 원통의 계층 구조를 예로 들어보자. 먼저 Point 클래스가 있고, 그 하위에 Circle 클래스, 그 하위에 Cylinder클래스를 파생시키는 예제이다.

그림 6.8은 Point 클래스이다. Point 데이터가 Protected이기 때문

에, Circle 클래스에서 바로 x와 y를 접근할 수 있다. 43~64라인의 구동 프로그램에서는 x와 y를 읽기 위해 접근 함수 getX와 getY를 사용해야 한다. Protected 데이터는 자신의 클래스, 그리고 파생 클래스에서만 접근 가능하다. (물론 friend 함수 또는 클래스에서도 가능)

```
1  // point.h
2  // Point 클래스
3  #ifndef POINT_H
4  #define POINT_H
5
6  #include <iostream>
7
8  using std::ostream;
9
10 class Point {
11    friend ostream &operator<<( ostream &, const Point & );
12 public:
13    Point( int = 0, int = 0 );
14    void setPoint( int, int );
15    int getX() const { return x; }
16    int getY() const { return y; }
17 protected:
18    int x, y;
19 };
20
21 #endif
```

그림 6.8 Point 클래스—point.h

```
22 // point.cpp
23 // 멤버함수
24 #include "point.h"
25
```

```
// 생성자
Point::Point( int a, int b ) { setPoint( a, b ); }

// x, y 좌표
void Point::setPoint( int a, int b )
{
   x = a;
   y = b;
}

// Point 출력
ostream &operator<<( ostream &output, const Point &p )
{
   output << '[' << p.x << ", " << p.y << ']';

   return output;
}
```

그림 6.8 Point 클래스—point.cpp

```
// main.cpp
// 드라이버 루틴
#include <iostream>

using std::cout;
using std::endl;

#include "point.h"

int main()
{
   Point p( 72, 115 );

   // main에서 protected 데이터 접근 불가
```

```
57     cout << "X coordinate is " << p.getX()
58          << "\nY coordinate is " << p.getY()
59
60     p.setPoint( 10, 10 );
61     cout << "\n\nThe new location of p is " << p << endl;
62
63     return 0;
64 }
```

```
X coordinate is 72
y coordinate is 115

The new location of p is [10, 10]
```

그림 6.8 Point 클래스—main.cpp

그림 6.9는 그림 6.8의 Point 클래스를 재사용하였다. 1~62라인은 Circle 클래스는 Point로부터 public 상속된다. 이것은 Circle의 public 접속이 Point 멤버 함수들을 포함한다는 의미이다.

```
1 // circle.h
2 // Circle 클래스
3 #ifndef CIRCLE_H
4 #define CIRCLE_H
5
6 #include <iostream>
7
8 using std::ostream;
9
10 #include "point.h"
11
12 class Circle : public Point {
13     friend ostream &operator<<( ostream &, const Circle & );
```

```
public:
    // 생성자
    Circle( doubel r = 0.0, int x = 0, int y= 0 );
    void setRadius( double );
    double getRadius() const;
    double area() const;
protected:          // 파생 클래스에서 접근 가능
    double radius;
};

#endif
```

그림 6.9 Circle 클래스—circle.h

```
// circle.cpp
// 멤버함수
#include <iomanip>

using std::ios;
using std::setiosflags;
using std::setprecision;

#include "circle.h"

// Circle 생성자: 멤버 초기자를 사용하여 Point 생성자를 호출하고,
// radius를 초기화 함
Circle::Circle( double r, int a, int b )
    : Point( a, b )      // 기저 클래스의 생성자 호출
{ setRadius( r ); }

// radius 설정
void Circle::setRadius( double r )
    { radius = ( r >= 0 ? r : 0 ); }

```

```
// radius 획득
double Circle::getRadius() const { return radius; }

// Circle의 면적 계산
double Circle::area() const
   { return 3.14159 * radius * radius; }

// circle 출력 양식:
// Center = [x, y]; Radius = #.##
ostream &operator<<( ostream &output, const Circle &c )
{
   output << "Center = " << static_cast< Point > ( c )
          << "; Radius = "
          << setiosflags( ios::fixed | ios::showpoint )
          << setprecision( 2 ) << c.radius;

   return output;  // 연쇄 출력 가능
}
```

그림 6.9 Circle 클래스—circle.cpp

```
// main.cpp
// 드라이버 루틴
#include <iostream>

using std::cout;
using std::endl;

#include "point.h"
#include "circle.h"

int main()
{
   Circle c( 2.5, 37, 43 );
```

```
   cout << "X coordinate is " << c.getX()
        << "₩nY coordinate is " << c.getY()
        << "₩nRadius is " << c.getRadius();

   c.setRadius( 4.25 );
   c.setPoint( 2, 2 );
   cout << "₩n₩nThe new location and radius of c are₩n"
        << c << "₩nArea " << c.area() << '₩n';

   Point &pRef = c;
   cout << "₩nCircle printed as a Point is: " << pRef << endl;

   return 0;
}
```

```
X coordinate is 37
y coordinate is 43
Radius is 2.5

The new location and radius of c are
Center = [2, 2]; Radius = 4.25
Area 56.74

Circle printed as a Point is: [2, 2]
```

그림 6.9 Circle 클래스—main.cpp

Circle의 중첩된 friend operator<< 함수는 Circle의 참조 c가 Point로 형변환되어서 Circle의 Point 부분을 출력한다. 여기에서 Circle 클래스의 protected 데이터 radius를 직접 참조할 수 없음에 유의하자. 다음으로, setRadius와 setPoint를 사용하여 반지름과 원의 중심점의 좌표를 재설정한다. 그리고 Point 객체에 대한 참조(Point &)형 변수 pRef를 인쇄한다. 이것은 Circle 객체로 초기화되었음에도 불구하고 Point 객체로

생각하기 때문에 Circle 객체가 실제로는 Point 객체로서 인쇄된다.

그림 6.10은 그림 6.8과 6.9의 Point와 Circle 클래스를 재사용하고 있다. Cylinder 클래스는 Circle 클래스로부터 public 상속된다. 즉, Cylinder 멤버 함수인 setHeight, getHeight, area, volume 뿐만 아니라 Circle과 Point의 멤버 함수들에 접근할 수 있음을 뜻한다. Cylinder 생성자는 간접 기저 클래스인 Point는 요구하지 않고 직접 기저 클래스인 Circle의 생성자만을 호출한다. 중첩된 friend operator<< 함수는 Cylinder의 참조 c가 Circle로 형변환 되어서 Cylinder의 Circle 부분을 출력하고 있다. 이것은 Circle의 operator<< 를 사용하여 x와 y 그리고 radius를 출력할 수 있게 한다.

main은 Cylinder 클래스의 멤버 함수도 아니고 friend도 아니기 때문에 Cylinder 클래스의 protected 데이터를 직접 참조할 수 없다. 그래서 설정 함수들 setHeight, setRadius 및 setPoint를 사용해서 높이, 반지름 및 중심좌표를 재설정한다. "Point 객체에 대한 참조"(Point &)형 변수 pRef를 Cylinder 객체 cy1으로 초기화하고 pRef를 인쇄한다. Cylinder 객체로 초기화되었음에도 불구하고 Point 객체로 "생각"하기 때문에 실제로는 Point 객체로서 인쇄된다. 또 "Circle 객체에 대한 참조"(Circle &)형 변수 cRef를 Cylinder 객체 cy1으로 초기화하고 cRef를 인쇄한다. 이것은 Cylinder 객체로 초기화되었음에도 불구하고 Circle 객체로 인쇄된다. Circle의 면적 역시 출력된다.

```
// cylinder.h
// Cylinder 클래스
#ifndef CYLINDR_H
#define CYLINDR_H
```

```

#include <iostream>

using std::ostream;

#include "circle.h"

class Cylinder : public Circle {
   friend ostream &operator<<( osteram &, const Cylinder & );

public:
   // 디폴트 생성자
   Cylinder( double h = 0.0, double r = 0.0,
             int x = 0, int y = 0 );

   void setHeight( double );
   double getHeight() const;
   double area() const;
   double volume() const;

protected:
   double height;          // Cylinder의 높이
};

#endif
```

그림 6.10 Cylinder 클래스—cylinder.h

```
// cylinder.cpp
// Cylinder 클래스에 대한
// 멤버함수와 프렌드 함수 정의
#include "cylindr.h"

// Cylinder 생성자: Circle 생성자를 호출
```

```
Cylinder::Cylinder( double h, double r, int x, int y )
   : Circle( r, x, y )   // 기저 클래스 생성자
{ setHeight( h ); }

// Cylinder의 높이 설정
void Cylinder::setHeight( double h )
   { height = ( h >= 0 ? h : 0 ); }

// Cylinder의 높이 획득
double Cylinder::getHeight() const { return height; }

// Cylinder의 면적 계산
double Cylinder::area() const
{
   return 2 * Circle::area() +
          2 * 3.14159 * radius * height;
}

// Cylinder의 부피 계산
double Cylinder::volume() const
   { return Circle::area() * height; }

// Cylinder 출력
ostream &operator<<(ostream &output, const Cylinder &c )
{
   output << static_cast< Circle >( c )
          << "; Height = " << c.height;

   return output;   // 연쇄 출력 가능
}
```

그림 6.10 Cylinder 클래스—cylinder.cpp

```
// main.cpp
```

```
// 드라이버 루틴
#include <iostream>

using std::cout;
using std::endl;

#include "point.h"
#include "circle.h"
#include "cylindr.h"

int main()
{
   // Cylinder 객체 생성
   Cylinder cy1( 5.7, 2.5, 12, 23 );

   // Cylinder 요소 출력
   cout << "X coordinate is " << cy1.getX()
        << "₩nY coordinate is " << cy1.getY()
        << "₩nRadius is " << cy1.getRadius()
        << "₩nHeight is " << cy1.getHeight() << "₩n₩n";

   // Cylinder의 요소 변경
   cy1.setHeight( 10 );
   cy1.setRadius( 4.25 );
   cy1.setPoint( 2, 2 );
   cout << "The new location, radius, and height of cy1 are:₩n"
         << cy1 << '₩n';

   cout << "The area of cy1 is:₩n"
         << cy1.area() << '₩n';

   // Cylinder 요소 출력
   Point &pRef = cy1;   // pRef는 Point 형
   cout << "₩nCylinder printed as a Point is: "
```

```
        << pRef << "₩n₩n";

    // Cylinder를 Circle 로써 출력
    Circle &circleRef = cy1;  // circleRef는 Circle 형
    cout << "Cylinder printed as Circle is:₩n" << circleRef
        << "₩nArea: " << circleRef.area() << endl;

    return 0;
}
```

```
X coordinate is 12
y coordinate is 23
Radius is 2.5
Height is 5.7

The new location, radius, and height of cy1 are:
Center = [2, 2]; Radius = 4.25; Height = 10.00
The area of cy1 is:
380.53
Cylinder printed as a Point is: [2, 2]

Cylinder printed as a Circle is:
Center = [2, 2]; Radius = 4.25
Area: 56.74
```

그림 6.10 Cylinder 클래스—main.cpp

6.8 다중 상속

하나의 클래스가 두개 이상의 기저 클래스로부터 파생될 때, 이것을 다중 상속(multiple inheritance)이라고 한다. 다중 상속은 강력한 기능

이긴 하지만 여러 가지 모호성 문제를 야기할 수 있다. 다중 상속도 파생 클래스와 기저 클래스들 사이에 "is a" 관계가 있을 때 사용될 수 있다. 즉, "A는 B이면서 A는 C이다"라는 관계가 성립되어야 한다.

그림 6.11에 Base1 클래스와 Base2 클래스가 있고 Derived 클래스는 Base1 클래스와 Base2 클래스로부터 다중 상속 받는다. Derived 클래스 다음에 콜론(:)이 있고 다수의 기저 클래스가 쉼표로 분리되어 목록을 이루고 있다. 또한 Derived의 생성자가 멤버 초기자를 통해서 각 기저 클래스의 생성자들을 호출한다. 멤버 초기자에 명시한 순서대로 생성자가 호출되며, 만약 멤버 초기자 목록에 의도한대로 호출되지 않으면 디폴트 생성자가 임의로 호출된다.

Derived의 스트림 삽입 연산자 함수는 Derived의 friend이기 때문에 Derived의 private 데이터 real을 직접 접근할 수 있다. 또한 파생 클래스의 friend이기 때문에 Base1과 Base2의 protected 데이터 value와 letter를 접근할 수 있다.

```
// base1.h
// Base1 클래스
#ifndef BASE1_H
#define BASE1_H

class Base1 {
public:
   Base1( int x ) { value = x; }
   int getData() const { return value; }
protected:
   int value;
};

```

```
#endif
```

그림 6.11 다중 상속—base1.h

```
// base2.h
// Base2 클래스
#ifndef BASE2_H
#define BASE2_H

class Base2 {
public:
   Base2( char c ) { letter = c; }
   char getData() const { return letter; }
protected:
   char letter;
};

#endif
```

그림 6.11 다중 상속—base2.h

```
// derived.h
// Derived 클래스
// Base1과 Base2에서 다중 상속됨
#ifndef DERIVED_H
#define DERIVED_H

#include <iostream>

using std::ostream;

#include "base1.h"
#include "base2.h"

// 다중 상속
```

```
class Derived : public Base1, public Base2 {
   friend ostream &operator<<( ostream &, const Derived & );

public:
   Derived( int, char, double );
   double getReal() const;

private:
   double real;
};

#endif
```

그림 6.11 다중 상속—derived.h

```
// derived.cpp
// Derived 클래스의 멤버함수
#include "derived.h"

// Derived의 생성자:
// Base1와 Base2의 생성자를 호출
// 멤버 조기사를 사용하여 기저 클래스의 생성자를 호출
Derived::Derived( int i, char c, double f )
   : Base1( i ), Base2( c ), real ( f ) { }

// real 값 반환
double Derived::getReal() const { return real; }

// Derived의 모든 데이터 출력
ostream &operator<<( ostream &output, const Derived &d )
{
   output << "    Integer: " << d.value
          << "₩n  Character: " << d.letter
          << "₩nReal number: " << d.real;
```

```cpp

   return output;  // 연쇄 호출을 가능케 함
}
```

그림 6.11 다중 상속—derived.cpp

```cpp
// main.cpp
// 다중 상속 예제
#include <iostream>

using std::cout;
using std::endl;

#include "base1.h"
#include "base2.h"
#include "derived.h"

int main()
{
   Base1 b1( 10 ), *base1Ptr = 0;
   Base2 b2( 'Z' ), *base2Ptr = 0;
   Derived d ( 7, 'A', 3.5 );

   // 기저 클래스 객체의 데이터 출력
   cout << "Object b1 contains integer " << b1.getData()
        << "₩nObject b2 contains character " << b2.getData()
        << "₩nObject d contains:₩n" << d << "₩n₩n";

   // 파생 클래스 객체의 데이터 출력
   // getData의 모호성을 해결하기 위해 범위 연산자 사용
   cout << "Data members of Derived can be"
        << " accessed individuallly:"
        << "₩n    Integer: " << d.Base1::getData()
        << "₩n  Character: " << d.Base2::getData()
```

```
        << "₩nReal number: " << d.getReal() << "₩n₩n";

    cout << "Derived can be treated as an "
        << "object of either base class:₩n";

    // Derived를 Base1의 객체로 취급
    base1Ptr = &d;
    cout << "base1Ptr->getData() yields "
         << base1Ptr->getData() << '₩n';

    // Derived를 Base2의 객체로 취급
    base2Ptr = &d;
    cout << "base2Ptr->getData() yields "
         << base2Ptr->getData() << endl;

    return 0;
}
```

```
Object b1 contains integer 10
Object b2 contains character Z
Object d contains:
  Integer: 7
 Character        : A
Real number       : 3.5

Data members of Derived can be accessed individually:
  Integer: 7
 Character        : A
Real number       : 3.5

Derived can be treated as an object of either base class:
base1Ptr->getData() yields 7
base2Ptr->getData() yields A
```

그림 6.11 다중 상속—main.cpp

main에서 Base1 객체 b1과 Base2 객체 b2, 그리고 Derived 객체 d

를 생성하고 각각 초기화했다. 각 기저 클래스 객체들의 내용은 각각의 getData 멤버 함수를 호출함으로 인쇄된다. 두 개의 getData 함수들이 있기는 하지만, b1의 getData와 b2의 getData를 직접 참조하므로 모호성은 없다.

Derived의 객체 d의 내용은 정적 바인딩으로 인쇄된다. 이때는 Base1과 Base2로부터 상속된 두 개의 getData 함수들을 포함하므로 모호성 문제에 직면한다. 이 문제를 해결하기 위해 d.Base1::getData()와 d.Base2::getData()와 같이 이항 범위 해결 연산자(::)를 사용한다.

이 예제에서 is-a 관계가 다중 상속에도 적용됨을 알 수 있다. 파생 객체 d의 주소를 기저 클래스 포인터 base1Ptr에 대입한 다음, base1Ptr로 Base1 멤버 함수 getData를 호출함으로 value를 인쇄한다. 역시 d의 주소를 base2Ptr에 대입한 다음, base2Ptr로 Base2 멤버 함수 getData를 호출함으로 char letter를 인쇄한다.

제7장

다형성

제7장

다형성

7.1 virtual 함수

버추얼 함수(virtual funtion)와 다형성(polymorphism)을 이용하면 확장성 있는 시스템을 설계하고 구현하는 것이 가능하다. 계층 구조에 있는 모든 클래스의 객체를 포괄적으로 처리하도록 프로그램을 작성할 수 있기 때문이다. 프로그램을 개발할 시점에는 계층 구조에 포함되지 않았던 클래스들을 약간의 수정을 통해 계층 구조에 포함시킬 수 있다.

만약에 타입이 다른 객체들을 다루기 위해 switch 문을 사용한다고 해보자. 예를 들어 여러 도형을 포함하는 계층 구조가 있고 switch 문을 사용하여 특징에 맞는 print 함수를 호출한다면, 모든 가능한 경우를 논리적으로 판단하는 switch 문을 만들어야 한다. 새로운 도형이 추가되거나 수정되면 기존의 switch 문을 고치거나 case들이 다시 추가되어야 한다. 새로운 도형의 추가나 삭제로 switch 문을 수정하고, 일일이 검사하는 데는 많은 시간이 걸리고 오류 발생의 소지가 있다.

버추얼 함수와 다형성 프로그래밍은 switch 논리의 필요를 없애줄 수 있다. 프로그래머는 같은 종류의 논리를 수행하는 버추얼 함수를 사용하여 보다 적은 가지(branching)의 프로그램을 작성할 수 있다. 이것은 테스팅, 디버깅, 프로그램 관리를 용이하게 한다.

기저 클래스 Shape로부터 Circle, Triangle, Rectangle, Square 등의 도형 클래스들이 파생되었다고 가정하고, 각각의 서로 다른 draw 함수가 각 클래스마다 있다고 하자. 이럴 때 어떤 도형을 그리든지 상관없이 기저 클래스 Shape가 포괄적으로 모든 객체들을 다룰 수 있도록 해서 Shape의 draw를 호출하기만 하면 프로그램이 동적으로(즉, 실행시간에) 어느 파생 클래스의 draw 함수를 사용할 것인지를 결정하게 할 수 있다.

이것이 가능하려면 기저 클래스의 draw를 버추얼 함수로 선언하고 각 파생 클래스에 있는 draw를 재정의(override) 하는 것이다. 버추얼 함수는 기저 클래스의 함수 원형 앞에 virtual이라는 키워드를 붙여서 선언한다.

```
virtual void draw() const;
```

는 draw가 상수(constant) 함수이며 버추얼 함수라는 뜻이다. 일단 버추얼로 선언되면 하위 계층에서 재정의될 때, 버추얼로 선언하지 않아도 버추얼이다. 그러나 계층 구조의 각 단계마다 버추얼이라고 명시적으로 선언하는 것이 좋다.

기저 클래스의 draw가 버추얼로 되어 있고, 또 기저 클래스의 포인터나 참조를 파생 클래스 객체를 가리키는 데 사용하고, draw를 포인터

(예, shapePtr->draw())나 참조(reference)를 사용해서 호출하면, 프로그램은 포인터나 참조의 타입이 아니라 객체의 타입을 근거로 적절한 파생 클래스의 draw를 동적으로(즉, 실행시간에) 선택하게 된다. 이러한 동적 바인딩(dynamic binding)은 사례연구에서 자세히 다루어진다.

점(.) 멤버 선택 연산자를 사용해서 특정 객체를 참조(예, squareObject.draw())함으로써 버추얼 함수를 호출하면, 참조는 컴파일 시간에 결정되고(이것을 정적 바인딩(static binding)이라 부른다.) 호출된 버추얼 함수는 그 특정 객체의 클래스에서 재정의된 함수로 바인딩된다.

7.2 추상 클래스

클래스를 타입으로 보고 그 타입에 대한 객체를 생성한다. 하지만 어떤 객체도 생성하지 않고 클래스만 정의하고자 하는 경우도 있다. 이러한 클래스를 추상 클래스(abstract class)라 부른다. 추상 클래스는 상속 관계에서 기저 클래스로 사용되기 때문에 추상 기저 클래스(abstract base class)라고 한다. 추상 기저 클래스는 객체를 생성하지 않을 수 있다. 이에 반해 객체가 생성될 수 있는 클래스들을 구체 클래스(concrete class)라 한다. 예를 들어 TwoDimensionalShape라는 추상 기저 클래스가 Square, Circle, Triangle 등과 같은 구체 클래스를 파생시킬 수도 있고, 또한 TreeDimensionalShape라는 추상 기저 클래스가 Cube,

Sphere, Cylinder 등과 같은 구체 클래스를 파생시킬 수 있다.

추상 클래스를 만드는 방법은 이상의 버추얼 함수가 "순수 버추얼(pure virtual)"이면 된다. 순수 버추얼 함수(pure virtual function)은 그 선언에 =0이라는 초기자를 붙인 것이다.

```
virtual double earnings() const = 0 ;  // 순수 버추얼
```

순수 버추얼 함수는 코드가 존재하지 않는 함수이다. 그러므로 파생 클래스에서 코드를 작성하여야 한다. 만약 파생 클래스에서 그 순수 버추얼 함수에 대해 정의하지 않으면, 그 버추얼 함수는 파생 클래스에서 순수 버추얼 함수로 남게 된다. 따라서 파생 클래스 또한 추상 클래스이다. 만약 추상 클래스의 객체를 생성하려고 하면 구문오류이다.

상속 계층에서 꼭 추상 클래스가 존재할 필요는 없지만, 많은 객체지향 시스템은 추상 기저 클래스에서 시작하는 클래스 계층을 갖고 있다. 때로는 추상 클래스가 계층 상부에서 몇 개의 계층을 구성하기도 한다. 이것의 좋은 예가 도형 계층이다. Shape가 최상위의 추상 기저 클래스이고, 아래 계층에 TwoDimensionalShape와 ThreeDimensionalShape와 같은 두 개 이상의 추상 기저 클래스를 가질 수 있다. 그 다음 아래 계층에 원과 정사각형과 같은 2차원 도형의 구체 클래스들과 구와 육면체와 같은 3차원 도형의 구체 클래스를 정의하기 시작한다.

7.3 다형성

다형성(polymorphism)이란 상속관계에 있는 다른 클래스의 객체가 같은 메시지에 다르게 반응하도록 하는 능력이다. 예를 들어 Rectangle과 Parallelogram이 Quadrilateral 클래스에서 파생되었다면, Quadrilateral 객체에서 수행될 수 있는 연산(예, 면적 계산)이 Rectangle 객체와 Parallelogram이 객체에서도 수행될 수 있다. 그러나 Rectangle의 면적과 Parallelogram의 면적 구하는 방식이 다르다. 즉, 같은 메시지에 대해 다르게 반응하는 것을 다형성이라고 하고, 다형성은 버추얼 함수를 이용해 구현된다. 기저 클래스 포인터(또는 참조)를 이용해 버추얼 함수를 호출하려고 하면, 객체와 연관된 파생 클래스에서 적절한 재정의된 함수를 선택한다.

때때로 버추얼 함수가 아닌 멤버 함수가 기저 클래스에서 정의되고 파생 클래스에서 재정의된다. 이러한 멤버 함수가 기저 클래스 포인터를 통해 파생 클래스 객체를 호출하면 기저 클래스에 있는 함수가 수행된다. 만약 그 함수를 파생 클래스 포인터를 통해 호출하면, 파생 클래스에 있는 함수가 수행된다. 이것은 다형성이라 할 수 없다.

6장의 그림 6.5에 있는 예제는 Employee가 기저 클래스이고 HourlyWorker가 파생 클래스이다.

```
Employee e, *ePtr = &e;
HourlyWorker h, *hPtr = &h;
ePtr->print();        // 기저 클래스 출력 함수 호출
hPtr->print();        // 파생 클래스 출력 함수 호출
```

```
ePtr = &h;            // 내재적 변환
ePtr->print();
```

Employee와 HourlyWorker는 각각 print 함수를 정의하고 있다. 그 함수들이 virtual로 선언되지 않았고 같은 특징(signature)을 갖고 있기 때문에, Employee 포인터를 이용해 print 함수를 호출하면 Employee::print()가 호출되고(Employee 포인터가 Employee를 가리키든지 HourlyWorker를 가리키든지 상관없이) HoulyWorker 포인터를 이용해 print 함수를 호출하면 HourlyWorker::print()가 호출된다. 예를 들면 기저 클래스 print 함수는 파생 클래스에서도 사용될 수 있지만, 기저 클래스의 print를 파생 클래스 객체를 가리키는 포인터를 통해 호출하려면 다음과 같이 명시적으로 호출해야 한다.

```
hPtr->Employee::print();    // 기저 클래스 출력 함수 호출
```

이것은 기저 클래스 print가 호출되도록 명시적으로 지정하는 것이다.

버추얼 함수와 다형성을 이용하면 한 멤버 함수 호출이 그 호출을 받는 객체의 타입에 따라 다르게 적용되도록 할 수 있다(약간의 실행시간 부하가 걸리는 것은 어쩔 수 없다). 이것은 프로그래머에게 굉장한 표현력을 제공한다.

추상 클래스에 대한 객체를 생성할 수는 없지만 추상 클래스에 대한 포인터나 참조를 선언할 수는 있다. 이러한 포인터와 참조는 파생 클래스 객체가 구체 클래스로부터 생성될 때 다양한 조작을 하기 위해 사용될 수 있다.

다형성과 버추얼 함수에 대한 도형 프로그램을 예로 들어 보자. 기저 클래스가 Shape이고, 정사각형, 원, 삼각형, 직사각형, 점, 선 등 각 도형 클래스가 기저 클래스로부터 파생되었다. 화면 관리자는 화면에 표시될 모든 객체를 관리하기 위해 기저 클래스 포인터 또는 참조(Shape에 대한)를 사용한다. 상속 계층구조에서 어느 단계에 나타나느냐에 상관 없이 어떤 객체라도 그리기 위해서는, 그리고자 하는 객체에 대한 기저 클래스 포인터(또는 참조)를 사용해서 단지 그 객체에 draw 메시지만 보내면 된다. draw 함수는 기저 클래스 Shape에서 순수 버추얼로 선언되어 있고, 각 파생 클래스들에서 재정의되었다. 각 도형 객체는 그 자신을 어떻게 그려야 하는지 알고 있다. 화면 관리자는 각 객체의 타입이 무엇인지 신경 쓸 필요가 없다. 화면 관리자는 그저 각 객체에 draw를 명령하기만 하면 된다.

다형성은 특히 계층화된 시스템에 효과적이다. 예를 들면 운영 체제의 각기 다른 종류의 물리적 장치들은 서로 다르게 동작할 것이다. 그럼에도 불구하고 장치에서 데이터를 읽거나 쓰는 명령은 어떤 공통성을 가질 수 있다. 장치 드라이버 객체로 전달된 쓰기 메시지는 그 장치 드라이버와 그 장치 드라이버가 특정 종류의 장치를 어떻게 조작하는지의 문맥에 따라 특수하게 해석되어야 한다. 하지만 쓰기 호출 자체는 시스템의 다른 어떤 장치에 대한 쓰기와 다를 바 없다. 이것은 단지 몇 개의 바이트들을 메모리에서 그 장치로 옮기는 것뿐이다. 객체지향 운영 체제는 모든 장치 드라이버에 적합한 인터페이스를 제공하기 위해 추상 기저 클래스를 사용할 것이다. 장치 드라이버가 제공하는 기능들(즉, public 인터페이스)은 추상 기저 클래스의 순수 버추얼 함수로 제공된다. 이러한 버추얼 함수의 구현은 장치 드라이버의 특정 종류와 일치하는 파생 클래스에서 제공된다.

다형성을 갖는 프로그래밍에서는 계층 구조 내에서 다양한 수준의 객체에 대한 포인터 배열을 통해 동작한다. 그 배열의 기저 클래스 포인터 타입이며, 각 요소는 각각의 객체를 가리키는 포인터이다. 예를 들어 TwoDimensionalShape 클래스 타입의 배열은 Square, Circle, Triangle, Rectangle, Line 등의 파생 클래스의 객체에 대한 포인터 TwoDimensionalShape*를 포함하게 된다. 그 배열의 각 객체에 draw라는 메시지를 보내면 다형성에 의해 정확한 그림을 그리게 된다.

7.4 사례연구1: 급여 계산

그림 7.1은 Employee라는 기저 클래스가 있고 Employee의 파생 클래스로, 근무시간에 상관없이 고정 주급을 받는 Boss, 기본 급여와 판매 수당을 받는 CommissionWorker, 생산품의 수에 따라 급여를 받는 PieceWorker, 그리고 근무시간에 따른 급여와 시간 외(overtime) 수당을 받는 HourlyWorker가 있다.

earnings 함수 호출은 모든 종업원에 대해 적용된다. 하지만 각 사람의 수입을 계산하는 방법은 각 종업원 클래스에 의존적이고, 그러한 클래스들은 모두 Employee 클래스에서 파생되었다. 따라서 earnings는 Employee에서 순수 버추얼로 선언되고 각각의 파생 클래스에서 earnings가 적합하게 재정의 되어 있다. 그런 다음에 특정 종업원의 수입을 계산하기 위해, 그 종업원 객체를 가리키는 기저 클래스 포인터(또는 참조)를 사용해서 earnings 함수를 작동시킨다. 실제 급여 시스템에서는 Employee* 형의 포인터 배열(또는 리스트)을 구성하고 배열 요소들이 각 종업원 객체들을 가리키도록 할 것이다. 각 종업원 객체에 적합한 earnings 함수를 작동시키기 위해서는 배열의 원소를 하나씩 처리하면 된다.

```
// employ.h
// Employee 추상 기저 클래스
#ifndef EMPLOY_H
#define EMPLOY_H

class Employee {
public:
   Employee( const char *, const char * );
   ~Employee();   // destructor reclaims memory
   const char *getFirstName() const;
   const char *getLastName() const;

   // 순수 가상함수: 추상 기저 클래스를 만듬
   virtual double earnings() const = 0;   // 순수 가상
   virtual void print() const;             // 버추얼
private:
   char *firstName;
   char *LastName;
};

#endif
```

그림 7.1 Employee 클래스 계층과 다형성—employ.h

```
// employ.cpp
// Employee 추상 기저 클래스에
// 대한 멤버함수
// 주의: 순수 가상에 대해서는 정의가 없음
#include <iostream>

using std::cout;

#include <cstring>
#include <cassert>
#include "employ.h"

// 생성자: first와 last name을 위한 동적
// 공간을 마련하고, strcpy를 사용해서
// first와 last name을 객체 내에 복사
Employee::Employee( const char *first, const char *last )
{
   firstName = new char[ strlen( first ) + 1 ];
   assert( firstName !=0 );
   strcpy( firstName, first );

   lastName = new char[ strlen( last ) + 1 ];
   assert( lastName !=0 );
   strcpy( lastName, last );
}

// 소멸자
Employee::~Employee()
{
   delete [] firstName;
   delete [] lastName;
}

// first name에 대한 포인터를 반환
```

```
// Const return 함으로써 caller가 private 데이터를 수정하는 것을 방지함.
// 나중에 소멸자가 미정의되는 pointer를 방지하기 위해 delete 함.
// 그전에 Caller는 반환된 문자열을 복사해야 함.
const char *Employee::getFirstName() const
{
   return firstName;
}

// last name에 대한 포인터를 반환
// Const return 함으로써 caller가 private 데이터를 수정하는 것을 방지함.
// 나중에 소멸자가 미정의되는 pointer를 방지하기 위해 delete 함.
// 그전에 Caller는 반환된 문자열을 복사해야 함.
const char *Employee::getLastName() const
{
   return lastName;
}

// Employee 이름을 출력
void Employee::print() const
   { cout << firstName << ' ' << lastName; }
```

그림 7.1 Employee 클래스 계층과 다형성—employ.cpp

```
// boss.h
// Boss 클래스
#ifndef BOSS_H
#define BOSS_H
#include "employ.h"

class Boss : public Employee {
public:
   Boss( const char *, const char *, double = 0.0 );
   void setWeeklySalary( double );
   virtual double earnings() const;
```

```
    virtual void print() const;
private:
    double weeklySalary
};

#endif
```

그림 7.1 Employee 클래스 계층과 다형성—boss.h

```
// boss.cpp
// Boss 클래스의 멤버함수
#include <iostream>

using std::cout;

#include "boss.h"

// 생성자
Boss::Boss( const char *first, const char *last, double s )
    : Employee( first, last )   // call base-class constructor
{ setWeeklySalary( s ); }

// Boss의 급료 설정
void Boss::setWeeklySalary( double s )
    { weeklySalary = s > 0 ? s : 0; }

// Boss의 급료 획득
double Boss::earnings() const { return weeklySalary; }

// Boss의 이름 출력
void Boss::print() const
{
    cout << "₩n             Boss: ";
    Employee::print();
```

```
}
```

그림 7.1 Employee 클래스 계층과 다형성—boss.cpp

```
// commis.h
// CommissionWorker 클래스
#ifndef COMMIS_H
#define COMMIS_H
#include "employ.h"

class CommissionWorker : public Employee {
public:
   CommissionWorker( const char *, const char *,
                     double = 0.0, double = 0.0,
                     int = 0 );
   void setSalary( double );
   void setCommission( double );
   void setQuantity( int );
   virtual double earnings() const;
   virtual void print() const;
private:
   double salary;
   double commission;
   double quantity;
};

#endif
```

그림 7.1 Employee 클래스 계층과 다형성—commis.h

```
// commis.cpp
// CommissionWorker 클래스의 멤버함수
#include <iostream>

using std::cout;
```

```

#include "commis.h"

// 생성자
CommissionWorker::CommissionWorker( const char *first,
        const char *last, double s, double c, int q )
   : Employee( first, last )
{
   setSalary( s );
   setCommission( c );
   setQuantity( q );
}

// CommissionWorker의 급료 설정
void CommissionWorker::setSalary( double s )
   { salary = s > 0 ? s : 0; }

// CommissionWorker의 커미션 설정
void CommissionWorker::setCommission( double c )
   { commission = c > 0 ? c : 0; }

// CommissionWorker의 판매 개수 설정
void CommissionWorker::setQuantity( int q )
   { quantity = q > 0 ? q : 0; }

// CommissionWorker의 급료 계산
double CommissionWorker::earnings() const
   { return salary + commission * quantity; }

// CommissionWorker의 이름 출력
void CommissionWorker::print() const
{
   cout << "₩nCommission worker: ";
   Employee::print()
```

```
}
```

그림 7.1 Employee 클래스 계층과 다형성—commis.cpp

```
// piece.h
// PieceWorker 클래스
#ifndef PIECE_H
#define PIECE_H
#include "employ.h"

class PieceWorker : public Employee {
publec:
   PieceWorker( const char *, const char *,
              double = 0.0, int = 0);
   void setWage( double );
   void setQuantity( int );
   virtual double earnings() const;
   virtual void print() const;
private:
   double wagePerPiece;
   int quantity;
};

#endif
```

그림 7.1 Employee 클래스 계층과 다형성—piece.h

```
// piece.cpp
// PieceWorker 클래스의 멤버함수
#include <iostream>

using std::cout;

#include "piece1.h"

```

```cpp
// 생성자
PieceWorker::PieceWorker( const char *first, const char *last,
                          double w, int q )
   : Employee( first, last )
{
   setWage( w );
   setQuantity( q );
}

// 수당 설정
void PieceWorker::setWage( double w )
   { wagePerPiece = w > 0 ? w : 0; }

// 생산 개수 설정
void PieceWorker::setQuantity( int q )
   { quantity = q > 0 ? q : 0; }

// PieceWorker의 급료 계산
double PieceWorker::earning() const
   { return quantity * wagePerPiece; }

// PieceWorker의 이름 출력
void PieceWorker::print() const
{
   cout << "\n    Piece worker: ";
   Employee::print();
}
```

그림 7.1 Employee 클래스 계층과 다형성—piece.cpp

```cpp
// hourly.h
// HourlyWorker 클래스
#ifndef HOURLY_H
#define HOURLY_H
```

```
#include "employ.h"

class HourlyWorker : public Employee {
public:
   HourlyWorker( const char *, const char *,
                 double = 0.0, double = 0.0);
   void setWage( double );
   void setHours( double );
   virtual double earnings() const;
   virtual void print() const;
private
   double wage;     // 수당
   double hours;
};

#endif
```

그림 7.1 Employee 클래스 계층과 다형성—hourly.h

```
// hourly.cpp
// HourlyWorker 클래스의 멤버함수
#include <iostream>

using std::cout;

#include "hourly.h"

// 생성자
HourlyWorker::HourlyWorker( const char *first,
                            const char *last,
                            double w, double h )
   : Employee( first, last )
{
   setWage( w );
```

```
   setHours( h );
}

// 수당 설정
void HourlyWorker::setWage( double w )
   { wage = w > 0 ? w : 0; }

// 근무시간 설정
void HourlyWorker::setHours( double h )
   { hours = h >= 0 && h < 168 ? h : 0; }

// HourlyWorker의 급료 획득
double HourlyWorker::earnings() const
{
   if ( hours <= 40 )  // no overtime
     return wage * hours;
   else                // 시간 외 수당은 wage * 1.5
     return 40 * wage + ( hours - 40 ) * wage * 1.5;
}

// HourlyWorker의 이름 출력
void HourlyWorker::print() const
{
   cout << "₩n    Hourly worker: ";
   Employee::print();
}
```

그림 7.1 Employee 클래스 계층과 다형성—hourly.cpp

```
// main.cpp
// 드라이버 루틴
#include <iostream>

using std::cout;
```

```
using std::endl;

#include <iomanip>

using std::ios;
using std::setiosflags;
using std::setprecision;

#include "employ.h"
#include "boss.h"
#include "commis.h"
#include "piece.h"
#include "hourly.h"

void virtualViaPointer( const Employee * );
void virtualViaReference( const Employee & );

int main()
{
   // 출력 양식 설정
   cout << setiosflags( ios::fixed | ios::showpoint )
        << setprecision( 2 );

   Boss b( "John", "Smith", 800.00 );
   b.print();                            // 정적 바인딩
   cout << " earned $" << b.earnings();   // 정적 바인딩
   virtualViaPointer( &b );             // 동적 바인딩
   virtualViaReference( b );            // 동적 바인딩

   CommissionWorker c( "Sue", "Jones", 200.0, 3.0, 150 );
   c.print();                            // 정적 바인딩
   cout << " earned $" << c.earnings();   // 정적 바인딩
   virtualViaPointer( &c );             // 동적 바인딩
   virtualViaReference( c );            // 동적 바인딩
```

```

   PieceWorker p( "Bob", "Lewis", 2.5, 200);
   p.print();                          // 정적 바인딩
   cout << " earned $" << p.earnings();   // 정적 바인딩
   virtualViaPointer( &p );          // 동적 바인딩
   virtualViaReference( p );           // 동적 바인딩

   HourlyWorker h( "Karan", "Price", 13.75, 40 );
   h.print();                          // 정적 바인딩
   cout << " earned $" << h.earnings();   // 정적 바인딩
   virtualViaPointer( &h );          // 동적 바인딩
   virtualViaReference( h );           // 동적 바인딩
   cout << endl;
   return 0;
}

// 동적 바인딩을 사용해서
// 버추얼 함수가 기저 클래스 포인터를 취소시킴
void virtualViaPointer( const Employee *baseClassPtr )
{
   baseClassPtr->print();
   cout << " earned $" << baseClassPtr->earnings();
}

// 동적 바인딩을 사용해서
// 버추얼 함수가 기저 클래스 포인터를 취소시킴
void virtualViaReference( const Employee &baseClassRef )
{
   baseClassRef.print();
   cout << " earned $" << baseClassRef.earnings();
}
```

```
Boss: John Smith earned $800.00
Boss: John Smith earned $800.00
```

```
             Boss: John Smith earned $800.00
Commission worker: Sue Jones earned $650.00
Commission worker: Sue Jones earned $650.00
Commission worker: Sue Jones earned $650.00
     Piece worker: Bob Lewis earned $500.00
     Piece worker: Bob Lewis earned $500.00
     Piece worker: Bob Lewis earned $500.00
    Hourly worker: Karen Price earned $550.00
    Hourly worker: Karen Price earned $550.00
    Hourly worker: Karen Price earned $550.00
```

그림 7.1 Employee 클래스 계층과 다형성—main.cpp

main의 4개의 코드 단락은 모두 비슷하므로 Boss 객체를 다루는 단락만 보면 된다.

```
Boss b( "John", "Smith", 800.00 );
```

은 Boss의 객체 b를 생성하고, 점(.) 멤버선택 연산자를 사용하여 Boss의 print 멤버 함수를 작동시킨다.

```
b.print();                         // 정적 바인딩
```

은 호출될 객체의 타입(Boss)이 컴파일할 때 알려졌으므로 이것은 정적 바인딩의 한 예이다. 이것은 동적 바인딩과 비교할 목적으로 사용되었다.

329 라인의

```
virtualViaPointer( &b );           // 동적 바인딩
```

은 파생 클래스 객체 b의 주소를 이용해서 355 라인의 virtualViaPointer 함수를 수행시킨다. 함수는 const Employee*로 선언된 baseClassPtr

매개변수로 b의 주소를 받는다.

```
baseClassPtr->print();
```

은 baseClassPtr이 가리키는 객체의 print 함수를 작동시키고, 그것이 기저 클래스에서 버추얼 함수로 선언되었기 때문에 시스템은 파생 클래스 객체의 print 함수를 작동시킨다. 이것이 다형적 행동이라는 것이다. 이런 방식의 함수 호출이 동적 바인딩이다. 버추얼 함수는 기저 클래스 포인터를 통해 작동되므로 어느 함수가 작동될지 결정되는 것이 실행시간까지 미뤄진다.

```
cout << " earned $" << baseClassPtr->earnings();
```

은 baseClassPtr이 가리키는 객체의 earnings 함수를 작동시킨다. 역시 earnings가 기저 클래스에서 버추얼 함수로 선언되었기 때문에 시스템은 파생 클래스 객체의 earnings 함수를 작동시킨다. 이 또한 동적 바인딩이다.

330 라인의

```
virtualViaReference( b );                // 동적 바인딩
```

도 363 라인에 있는 virtualViaReference을 호출하여, const Employee &로 선언된 baseClassRef 매개변수로 b 객체를 넘긴다. 이것은 참조를 이용해서 다형적 행동을 한다.

```
baseClassRef.print();
```

은 baseClassRef에 의해 참조되는 객체의 print 함수를 작동시킨다. print가 기저 클래스에서 버추얼 함수로 선언되었기 때문에 시스템은 파생 클래스 객체의 print 함수를 작동시킨다. 이것 또한 동적 바인딩의 예이다. 함수는 기저 클래스 참조를 통해 작동되므로 어느 함수가 작동될지 결정하는 것이 실행시간까지 미뤄진다.

```
cout << earned $" << baseClassRef.earnings();
```

은 baesClassRef가 참조하는 객체의 earnings 멤버 함수를 작동시킨다. earnings가 기저 클래스에서 버추얼 함수로 선언되었기 때문에 시스템은 파생 클래스 객체의 earnings 함수를 작동시킨다. 이 또한 동적 바인딩이다.

〈새로운 클래스들의 추가〉

새로운 종류의 클래스들이 시스템에 추가될 때도 동적 바인딩(혹은 지연 바인딩(late binding)이라고도 한다.)에 의해 추가된다. 버추얼 함수 호출이 컴파일될 때 객체의 타입을 컴파일 시간에 알 필요는 없다. 버추얼 함수 호출은 실행시간에 호출한 객체의 적합한 멤버 함수와 연결된다.

도형 프로그램에서 새로운 종류의 객체가 추가되면 다시 컴파일 될 필요 없이 그 객체를 표시할 수 있다. draw 함수의 호출도 종전과 같다. 새로운 객체는 새로운 그리는 기능을 포함하고 있다. 이러한 점이 최소한의 영향으로 새로운 기능을 추가하는 것을 쉽게 한다. 이것이 소프트웨어 재사용을 증진시킨다.

동적 바인딩은 독립적 소프트웨어 공급자들(ISVs; independent software vendo)이 재산 가치가 있는 비밀들을 드러내지 않고 소프트웨어를 공급할 수 있도록 해준다. ISV는 공급하는 소프트웨어의 헤더 파일들과 목적 파일들만 공급하면 된다. 소스코드는 공개할 필요가 없다. 소프트웨어 개발자들은 상속을 이용하여 ISV들이 공급한 것에 새로운 클래스들을 파생시키면 된다. ISV들이 공급한 소프트웨어는 파생된 클래스에도 마찬가지로 작동할 것이고, 버추얼 함수들을 재정의하고 동적 바인딩을 이용하여 사용하면 된다.

〈virtual 소멸자〉

클래스 계층 구조에서 동적으로 할당된 객체들을 처리하기 위해 다형성을 사용하면 문제가 발생할 수 있다. 만약 어떤 객체가 버추얼 소멸자를 갖고 있지 않은 경우, 그 객체에 대한 기저 클래스 포인터를 delete 하면 기저 클래스의 소멸자 함수가 그 객체에 대해 호출된다. 이러한 현상은 기저 클래스 포인터가 가리키고 있는 객체의 타입이 무엇이든 간에 그리고 각각의 클래스의 소멸자가 다른 이름을 갖고 있다는 사실에도 불구하고 발생하게 된다.

이러한 문제에 대한 간단한 해결책이 있다. 버추얼 기저 클래스 소멸자를 선언하는 것이다. 이렇게 하면 기저 클래스의 소멸자와 이름이 다르더라도 모든 파생 클래스의 소멸자를 버추얼 함수로 만든다. 이제 계층 구조의 한 객체를 파생 클래스 객체에 대한 기저 클래스 포인터를 delete

하면 적합한 객체에 대한 소멸자가 호출된다. 기저 클래스 소멸자는 파생 클래스 소멸자가 실행된 후에 자동으로 실행된다. 그래서 어떤 클래스가 버추얼 함수를 갖고 있다면 그 클래스에 대해 필요하지 않더라도 버추얼 소멸자를 제공하는 것이 좋은 습관이다. 생성자는 버추얼일 수 없다. 생성자를 버추얼로 선언하면 구문오류이다.

7.5 사례연구2: 인터페이스와 구현의 상속

그림 7.2는 6장의 Point, Circle, Cylinder 계층 구조를 수정한 것이다. 달라진 것은 Shape가 추상 기저 클래스 시작한다는 것이다. Shape는 순수 버추얼 함수를 두 개, printShapeName과 print를 갖고 있다.

Shape는 디폴트로 0을 반환하는 다른 버추얼 함수 area와 volume을 갖고 있다. Point는 Shape으로부터 이러한 구현을 상속받는다. Circle은 Point로부터 volume 함수를 상속받지만 area 함수는 직접 구현한다. Cylinder는 area 함수와 volume 함수 모두를 직접 구현한다.

Shape가 추상 기저 클래스일지라도 특정 멤버 함수를 구현해야 한다는 것과 이러한 구현이 상속될 수 있다는 것에 유념하자. Shape 클래스의 4가지 버추얼 함수는 하위 클래스에 인터페이스로 제공하며, 구현들 역시 하위 클래스에 상속된다.

```
// shape.h
```

```
// Shape 추상 클래스 정의
#ifndef SHAPE_H
#define SHAPE_H

class Shape {
public:
   virtual double area() const { return 0.0; }
   virtual double volume() const { return 0.0; }

   // 순수 버추얼 함수
   virtual void printShapeName() const = 0;
   virtual void print() const = 0;
};

#endif
```

그림 7.2 Shape 클래스 계층과 인터페이스 상속—shape.h

```
// point.h
// Point 클래스
#ifndef POINT_H
#define POINT_H

#include <iostream>

using std::cout;

#include "shape.h"

class Point : public Shape {
public:
   Point( int = 0, int = 0 );
   void setPoint( int, int );
   int getX() const { return x; }
```

```
    int getY() const { return y; }
    virtual void printShapeName() const { cout << "point: "; }
    virtual void print() const;
private:
    int x, y;    // Point 좌표
};

#endif
```

그림 7.2 Shape 클래스 계층과 인터페이스 상속—point1.h

```
// point.cpp
// Point의 멤버함수
#include "point.h"

Point::Point( int a, int b ) { setPoint( a, b ); }

void Point::setPoint( int a, int b )
{
    x = a;
    y = b;
}

void Point::print() const
    { cout << '[' << x << ", " << y << ']'; }
```

그림 7.2 Shape 클래스 계층과 인터페이스 상속—point.cpp

```
// circle.h
// Circle 클래스
#ifndef CIRCLE_H
#define CIRCLE_H
#include "point.h"

```

```
class Circle : public Point {
public:
   // 디폴트 생성자
   Circle( double r = 0.0, int x = 0, int y = 0 );

   void setRadius( double );
   double getRadius() const;
   virtual double area() const;
   virtual void printShapeName() const { cout << "Circle: "; }
   virtual void print() const;
private:
   double radius;
};

#endif
```

그림 7.2 Shape 클래스 계층과 인터페이스 상속—circle.h

```
// cirlce.cpp
// Circle의 멤버함수
#include <iostream>

using std::cout;

#include "circle.h"

Circle::Circle( double r, int a, int b )
   : Point( a, b )  // 기저 클래스 생성자 호출
{ setRadius( r ); }

void Circle::setRadius( double r ) { radius = r > 0 ? r : 0;}

double Circle::getRadius() const { return radius; }

```

```
double Circle::area() const
   { return 3.14159 * radius * radius; }

void Circle::print() const
{
   Point::print();
   cout << "; Radius = " << radius;
}
```

그림 7.2 Shape 클래스 계층과 인터페이스 상속—circle1.cpp

```
// cylinder.h
// Cylinder 클래스
#ifndef CYLINDR_H
#define CYLINDR_H
#include "circle.h"

class Cylinder : public Circle {
public:
   // 디폴트 생성자
   Cylinder( double h = 0.0, double r = 0.0,
            int x = 0, int y = 0 );

   void setHeight( double );
   double getHeight();
   virtual double area() const;
   virtual double volume() const;
   virtual void printShapeName() const { cout << "Cylinder: "; }
   virtual void print() const;
private:
   double height;
};

#endif
```

그림 7.2 Shape 클래스 계층과 인터페이스 상속—cylinder1.h

```
// cylinder.cpp
// Cylinder의 멤버함수
#include <iostream>

using std::cout;

#include "cylindr.h"

Cylinder::Cylinder( double h, double r, int x, int y )
   : Circle( r, x, y )  // 기저 클래스 생성자 호출
{ setHeight( h ); }

void Cylinder::setHeight( double h )
   { height = h > 0 ? h : 0; }

double Cylinder::getHeight() { return height; }

double Cylinder::area() const
{
   // Cylinder의 면적
   return 2 * Circle::area() +
          2 * 3.14159 * getRadius() * height;
}

double Cylinder::volume() const
   { return Circle::area() * height; }

void Cylinder::print() const
{
   Cylinder::print();
   cout << "; Height = " << height;
```

```
}
```

그림 7.2 Shape 클래스 계층과 인터페이스 상속—cylinder.cpp

```
// main.cpp
// 드라이버 루틴
#include <iostream>

using std::cout;
using std::endl;

#include <iomanip>

using std::ios;
using std::setiosflags;
using std::setprecision;

#include "shape.h"
#include "point.h"
#include "circle.h"
#include "cylindr.h"

void virtualViaPointer( const Shape * );
void virtualViaReference( const Shape & );

int main()
{
   cout << setiosflags( ios::fixed | ios::showpoint )
        << setprecision( 2 );

   Point point( 7, 11 );
   Circle circle( 3.5, 22, 8 );
   Cylinder cylinder( 10, 3.3, 10, 10 );

```

```
point.printShapeName();    // 정적 바인딩
point.print();             // 정적 바인딩
cout << '₩n';

circle.printShapeName();   // 정적 바인딩
circle.print();            // 정적 바인딩
cout << '₩n';

cylinder.printShapeName(); // 정적 바인딩
cylinder.print();          // 정적 바인딩
cout << "₩n₩n";

Shape *arrayOfShapes[ 3 ];  // 기저 클래스 포인터 배열

// arrayOfShapes[0]는 Point 객체를 가리킴
arrayOfShapes[ 0 ] = &point;

// arrayOfShapes[1]는 Circle 객체를 가리킴
arrayOfShapes[ 1 ] = &circle;

// arrayOfShapes[2]는 Cylinder 객체를 가리킴
arrayOfShapes[ 2 ] = &cylinder;

// 루프를 돌면서 arrayOfShapes 배열 안에 있는
// 모든 객체에 대해  virtualViaPointer 함수를 호출하여
// shape name, attributes, area, and volume를 출력함.
cout << "Virtual function calls made off "
     << "base-class pointers₩n";

for ( int i = 0; i < 3; I++ )
   virtualViaPointer( arrayOfShapes[ i ] );

// 루프를 돌면서 arrayOfShapes 배열 안에 있는
// 모든 객체에 대해  virtualViaReference 함수를 호출하여
```

```
   // shape name, attributes, area, and volume를 출력함.
   cout << "Virtual function calls made off "
        << "base-class references₩n";

   for ( int j = 0; j < 3; j++ )
      virtualViaReference( *arrayOfShapes[ j ] );

   return 0;
}

// 버추얼 함수가 동적 바인딩을 사용해서
// 기저 클래스 포인터를 취소하도록 함.
void virtualViaPointer( const Shape *baseClassPtr )
{
   baseClassPtr->printShapeName();
   baseClassPtr->print();
   cout << "₩nArea = " << baseClassPtr->area()
        << "₩nVolume = " << baseClassPtr->volume() << "₩n₩n";
}

// 버추얼 함수가 동적 바인딩을 사용해서
// 기저 클래스 포인터를 취소하도록 함.
void virtualViaReference( const Shape &baseClassRef )
{
   baseClassRef.printShapeName();
   baseClassRef.print();
   cout << "₩nArea = " << baseClassRef.area()
        << "₩nVolume = " << baseClassRef.volume() << "₩n₩n";
}
```

```
Point: [7, 11]
Circle: [22, 8]; Radius = 3.50
Cylinder: [10, 10]; Radius = 3.30; Height = 10.00
Virtual function calls made off base-class pointers
Point: [7, 11]
Area = 0.00
Volume = 0.00
Circle: [22, 8]; Radius = 3.50
Area = 38.48
Volume = 0.00
Cylinder: [10, 10]; Radius = 3.30; Height = 10.00
Area = 275.77
Volume = 342.12
Virtual function calls made off base-class reference
Point: [7, 11]
Area = 0.00
Volume = 0.00
Circle: [22, 8]; Radius = 3.50
Area = 38.48
Volume = 0.00
Cylinder: [10, 10]; Radius = 3.30; Height = 10.00
Area = 275.77
Volume = 342.12
```

그림 7.2 Shape 클래스 계층과 인터페이스 상속—main.cpp

Shape 기저 클래스에 4개의 버추얼 함수가 있고, printShapeName과 print는 순수 버추얼 함수이므로 파생 클래스들마다 재정의된다. area와 volume 함수는 0.0을 반환하도록 정의되었다. 이 함수들은 area나 volume 또는 모두가 다르게 계산되어야 하는 클래스들에서 재정의된다. Shape가 추상 클래스이고 몇 개의 "비순수(impure)"버추얼 함수들(area와 volume)을 포함하고 있다는 것에 주목하라. 추상 클래스들에는 파생 클래스들에게 상속될 버추얼 함수가 아닌 함수와 데이터도 포함될 수 있다.

Point는 면적이 0.0이고 부피도 0.0이므로 기저 클래스의 area와

volume이 재정의될 필요가 없다. 그 함수들은 Shape에 정의된 대로 상속된다. printShapeName과 print 함수는 기저 클래스에서 순수 버추얼 함수로 선언되었기 때문에 구현해야 한다. 만약 Point 클래스에서 이 함수들을 재정의하지 않으면 Point 역시 추상 클래스가 되고 Point 객체를 생성할 수 없게 된다. 그 밖의 Point에는 좌표를 설정하고 반환하는 set 함수와 get 함수가 포함되어 있다.

Circle 클래스는 Point로부터 파생된다. Circle의 부피가 0.0이기 때문에, 기저 클래스 멤버 함수인 volume은 여기서는 재정의되지 않았다. 이것은 Shape로부터 volume을 상속받았던 Point로부터 상속받는다. Circle은 면적이 있기 때문에 area 함수를 재정의한다. printShapeName과 print 함수는 Shape 클래스에서 순수 버추얼 함수로 선언되어 있기 때문에 구현해야 한다. 만약 여기서 이 함수들이 재정의되지 않으면 Point 버전의 함수들이 상속될 것이다. 그 밖의 radius를 설정하고 반환하는 set 함수와 get 함수가 포함되어 있다.

Cylinder 클래스는 Circle로부터 파생되었다. Cylinder는 Circle과는 다른 면적과 부피를 갖기 때문에 area와 volume 함수들 모두 이 클래스에서 재정의된다. printShapeName과 print 함수는 Shape 클래스에서 순수 버추얼 함수로 선언되어 있기 때문에 구현해야 한다. 만약 여기서 이 함수들이 재정의되지 않으면 Circle 버전의 이 함수들이 상속될 것이다. 그 밖의 height를 설정하고 반환하는 set 함수와 get 함수가 포함되었다.

main은 point, circle 그리고 cylinder 객체를 생성하는 것으로 시작한다. printShapeName과 print 함수는 각각의 객체로 하여금 이름을 인쇄하도록 하고 그 객체가 제대로 생성되었음을 나타내기 위해 작동된다. printShapeName과 print에 대한 호출은 각각 정적 바인딩을 사용하고 있다. 컴파일 시간에 컴파일러가 printShapeName과 print를 호출한 각 객체의 타입을 알고 있다는 것이다.

arrayOfShapes은 타입이 Shape * 인 배열이다. 이 배열은 각각의 파생 클래스 객체를 가리키기 위해 사용되었다. point 객체의 주소는 arrayOfShapes[0]에 있고, circle 객체의 주소는 arrayOfShapes[1]에 있고, cylinder 객체의 주소는 arrayOfShape[2]에 있다.

for에서 배열의 각 요소에 대해 virtualViaPointer 함수를 작동시킨다. 이 함수는 baseClassPtr(const Shape* 형) 매개변수로 arrayOfShapes의 요소에 저장되어 있는 주소를 받는다. virtualViaPointer가 실행될 때마다 다음 4개의 함수 호출이 발생한다.

```
baseClassPtr->printShapeName()
baseClassPtr->print()
baseClassPtr->area()
baseClassPtr->volume()
```

이 호출들은 각 실행시간에 baseClassPtr이 가리키는 객체에서 버추얼 함수를 작동시킨다. 모두 동적 바인딩으로 실행시간에 결정된다.

다음 for도 배열의 각 요소에 대해 virtualViaReference 함수를 작동시킨다. 이 함수는 baseClassRef(const Shape & 형) 매개변수로, arrOfShapes의 요소에 저장된 주소에 대한 참조를 받는다. virtualViaReference가 실행될 때마다 다음의 함수 호출이 발생한다.

```
baseClassRef.printShapeName()
baseClassRef.print()
```

```
baseClass.area()
baseClass.volume()
```

이 호출들은 baseClassRef가 참조하는 객체에 대해 해당하는 함수들을 작동시킨다. 이것은 포인터들을 사용한 결과와 동일하다.

7.6 동적 바인딩의 내부 동작 원리

C++은 다형성을 쉽게 프로그램할 수 있도록 해준다. C와 같은 비객체지향 언어에서도 다형성을 위한 프로그램을 작성할 수는 있지만 매우 복잡하고, 포인터 조작에 대한 위험을 감수해야 한다. 이 절에서는 C++이 어떻게 내부적으로 다형성, 버추얼 함수 그리고 동적 바인딩을 구현하는지에 대해 살펴보려고 한다. 나아가 다형성의 부하 즉, 추가적인 메모리 소모와 프로세서 시간 등에 대한 이해를 돕게 될 것이다. 이는 다형성을 사용해야 할 때와 사용하지 말아야 할 때가 언제인지 결정하는데 도움이 된다. 9장의 "표준 템플릿 라이브러리(STL: Standard Template Library)"에서 보겠지만 STL 컴포넌트들은 다형성과 버추얼 함수들을 사용하지 않고 구현되었다. 이는 STL의 독특한 요구를 달성하면서도 최상의 성능을 얻기 위해 실행시간 부하를 피하고자 선택한 방법이다.

먼저, 실행 시간의 다형성을 지원하기 위해 C++ 컴파일러가 컴파일 시간에 생성하는 데이터 구조에 대해 설명하고자 한다. 그런 후에 실행 프로그램이 버추얼 함수를 실행하고 다형성과 연관된 동적 바인딩을 구현하기 위해 이러한 데이터 구조들을 어떻게 사용하는지 살펴보도록 한다.

C++가 하나 이상의 버추얼 함수를 갖고 있는 클래스를 컴파일할 때 그 클래스를 위해 vtable을 생성한다. 그 클래스의 버추얼 함수가 실행될 때마다 실행 프로그램은 버추얼 함수 테이블을 사용해서 적절한 함수구현을 선택한다. 그림 7.3은 Shape, Point, Circle 그리고 Cylinder 클래스를 위한 virtual 함수 테이블을 나타내고 있다.

Shape 클래스를 위한 vtable에서 첫번째 함수 포인터는 그 클래스를 위한 area 함수, 즉 면적이 0.0이라고 반환하는 함수의 구현을 가리키고 있다. 두번째 함수 포인터 역시 0.0을 반환하는 함수 volume을 가리키고 있다. printShapeName과 print 함수는 모두 순수 버추얼 함수이다. 구현이 없으므로 그 함수 포인터는 각각 0으로 설정되어있다. vtable에 하나 이상의 0 포인터를 갖는다면 그 클래스는 추상 클래스이다. vtable에서 0 포인터가 하나도 없는 클래스들(Point, Circle 그리고 Cylinder처럼)은 구체 클래스들이다.

Point 클래스는 Shape 클래스의 area와 volume 함수를 상속받기 때문에 컴파일러는 Point 클래스를 위한 vtable의 이들 두 포인터를 단순히 Shape 클래스의 area와 volume 포인터의 사본이 되도록 설정한다. Point 클래스는 printShapeName 함수가 "Point:"를 인쇄하도록 재정의하기 때문에 함수 포인터는 Point 클래스의 print ShapeName 함수를 가리킨다. 마찬가지로 Point 클래스는 print도 재정의하기 때문에 상응하는 함수 포인터는 [x, y]를 인쇄하는 Point 클래스 함수를 가리킨다.

Circle 클래스를 위한 vtable의 Circle::area 함수 포인터는 πr2을 반환하는 Circle::area 함수를 가리킨다. volume 함수 포인터는 단순히 Point 클래스(전에 포인터가 Shape로부터 Point로 복사된)로부터 복사된다. printShapeName 함수 포인터는 "Circle:"을 인쇄하는 함수의 Circle 버전을 가리킨다. print 함수 포인터는 [x, y] r을 인쇄하는 Circle의 print 함수를 가리킨다.

Cylinder 클래스를 위한 vtable의 Cylinder::area 함수 포인터는 Cylinder의 표면적, 즉 2πr2+2πrh를 계산하는 Cylinder::area 함수를 가리킨다. Cylinder::volume 함수 포인터는 πr2h를 반환하는 volume 함수를 가리킨다. Cylinder::printShapeName 함수 포인터는 "Cylinder:"를 인쇄하는 함수를 가리킨다. Cylinder::print 함수 포인터는 [x, y] r h를 인쇄하는 자신의 함수를 가리킨다.

다형성은 3계층의 포인터들과 연관된 복잡한 데이터 구조를 통해 이루어진다. 지금까지 첫번째 계층(vtable의 함수 포인터)에 대해 살펴보았다. 이러한 포인터들은 버추얼 함수가 작동될 때 실행될 실제 함수들을 가리키고 있다. 두번째 계층은 버추얼 함수가 포함된 클래스의 객체가 생성될 때마다 컴파일러는 그 객체의 시작점을 그 클래스를 위한 vtable의 포인터와 연결시킨다. 다음 세번째 계층은 단순히 버추얼 함수 호출을 받는 객체를 결정하는 핸들이다(이것은 보통 참조로 이루어진다).

이제 버추얼 함수 호출이 어떻게 실행되는지 알아보자. virtualViaPointer 함수의 다음 호출을 살펴보자.

```
baseClassPtr->printShapeName()
```

baseClassPtr은 arrayOfShapes[1]의 주소(즉, circle 객체의 주소)를 갖고 있다고 가정한다. 컴파일러가 이 문장을 컴파일할 때, 그 호출이 실제로 기저 클래스 포인터로부터 만들어졌고 printShapeName이 버추얼 함수인지를 결정한다.

다음으로 컴파일러는 printShapeName이 각 vtable의 세번째 엔트리인지 결정한다. 이 엔트리를 위치시키기 위해 컴파일러는 처음 두 입력을 건너 뛰어야 한다는 것을 기록한다. 그러므로 컴파일러는 버추얼 함수 호출을 처리할 기계어 목적 코드에 8바이트(32비트 컴퓨터의 포인터는 4바이트)의 오프셋(offset)을 컴파일한다.그런 후에 컴파일러는 다음 순서의 코드를 생성한다. 아래의 번호는 그림 7.3의 원번호와 일치한다.

1. arrayOfShapes에서 i번째 엔트리를 선택(이번 경우에는 circle 객체의 주소)하고 이것을 virtualViaPointer로 전달한다. 이것은 baseClassPtr이 circle을 가리키도록 설정하는 것이다.
2. circle 객체를 얻기 위해 그 포인터를 다시 참조한다. 다시 호출함으로써 Circle vtable의 포인터로 시작한다.
3. Circle vtable을 얻기 위해 circle의 vtable 포인터를 다시 참조한다.
4. printShapeName 함수 포인터를 얻기 위해 8바이트의 오프셋을 건너 뛴다.
5. 실행될 실제 함수명을 형성하기 위해 printShapeName 함수 포인터를 다시 참조하고 함수 호출 연산자 ( )를 이용해서 적합한 printShapeName 함수를 실행해서 문자열 "Circle: "을 출력한다.

그림 7.3의 데이터 구조가 복잡해 보이지만 이런 복잡성의 대부분은 컴파일러에 의해 관리되고 프로그래머에게는 숨겨진다. 모든 버추얼 함수 호출에서 발생하는 포인터를 재참조하는 연산과 메모리 접근은 약간의 실행시간을 필요로 하며, vtable과 vtable 포인터들은 약간의 메모리를 추가적으로 요구한다.

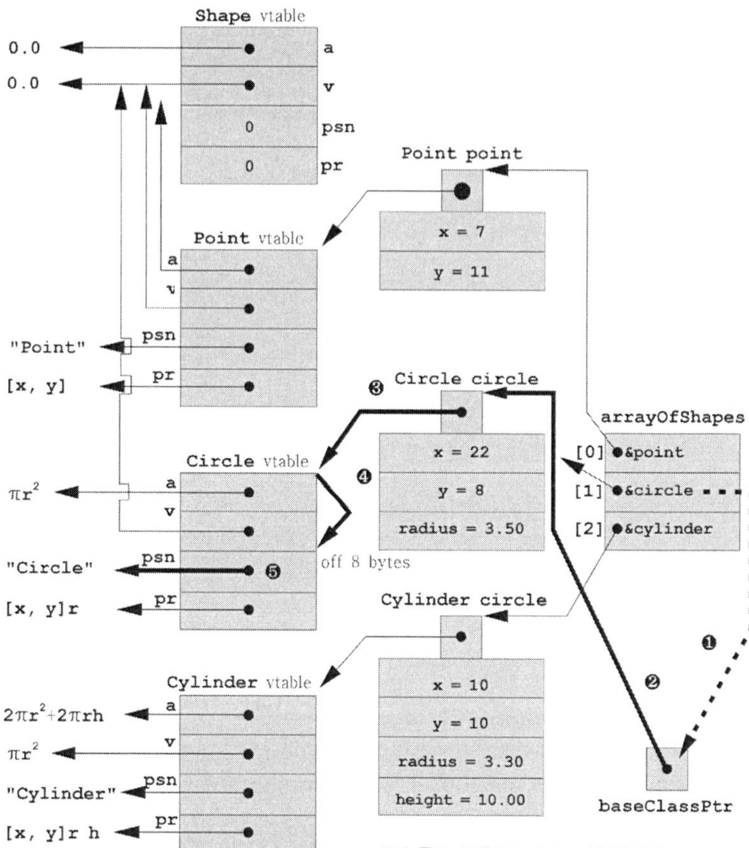

용어
a = **area** 함수
v = **volume** 함수
psn = **printShapeName** 함수
pr = **print** 함수
0 entry means pure **virtual** function
r = **radius**; **h** = **height**

위의 굵은 화살표는 순수 버추얼 함수 **baseClassPtr->printShapeName();** 이 호출되었을 때의 순서를 그린 것이다.

❶ baseClassPtr에 &circle 전달
❷ **Circle** 객체 획득
❸ **Circle** 버추얼 함수 테이블 획득
❹ 버추얼 함수 테이블에서 **printShapeName** 포인터 획득
❺ **Circle**의 **printShapeName** 실행

그림 7.3 버추얼 함수 호출시 통제 순서

제8장

템플릿과 STL

제8장

템플릿과 STL

8.1 소개

템플릿(template)은 함수나 클래스를 중첩(overloaded) 되도록 해서 여러 형태로 사용할 수 있는 기능을 제공한다. 함수를 중첩되게 하면 템플릿 함수(template function), 클래스를 중첩되게 하면 템플릿 클래스(template class)라고 부른다. 템플릿은 소프트웨어 재사용에 있어서 C++의 가장 강력한 기능 중의 하나이다.

예를 들어 배열을 정렬하는 함수를 하나의 함수 템플릿으로 정의하고, int 배열, float 배열, 스트링의 배열 등의 템플릿 함수로 사용할 수 있다. 스택 클래스에 대해서도 클래스 템플릿으로 정의한 후, int형 스택 클래스, float형 스택 클래스, string형 스택 클래스로 템플릿 클래스를 생성할 수 있다.

함수 템플릿과 템플릿 함수는 다른 개념임에 유의해야 한다. 예를 들면, 함수 템플릿과 클래스 템플릿은 그것에다 그림을 그릴 수 있는 형판과 같은 것이고, 템플릿 함수와 템플릿 클래스는 같은 모양이지만 다른 색깔로 그려진 각각의 그림과 같은 것이다.

8장에서는, 함수 템플릿과 클래스 템플릿의 예를 제시하고, 템플릿과 중첩(overloading)의 관계에 대해서 공부하게 된다. 8.4절 부터는 "표준 템플릿 라이브러리(STL)"를 다룬다.

8.2 함수 템플릿

중첩된 함수는 유사한 연산을 다른 자료형에 대해서도 적용할 수 있도록 한 것이다. 만약, 각각의 타입에 대하여 연산이 완전히 동일하다면, 함수 템플릿을 이용하여 보다 간결하고 편리하게 작성할 수 있다. 프로그래머가 함수 템플릿을 정의하면, 함수 호출에서 주어진 인수형에 따라 컴파일러는 각각의 타입을 적합하게 처리하기 위한 목직코드 함수(object-code function)를 생성한다. C에서는 전처리기 지시어 #define을 사용하여 이런 작업을 처리하지만, 매크로는 심각한 부작용의 가능성이 있었고 더우기 컴파일러가 형 검사할 수 없다는 문제점이 있다. 함수 템플릿은 매크로와 같은 간결한 해결책을 제시하지만, 완전한 형 검사가 가능하다.

함수 템플릿는 template 키워드와 각괄호(< >) 안에 타입 매개변수들의 목록을 넣어서 정의한다. 타입 매개변수 목록은 다음과 같이 class 나 typename 키워드 뒤에 작성된다.

```
template< class T >
```

또는

```
template< typename ElementType >
```

또는

```
template< class BorderType, class FillType >
```

템플릿 정의의 타입 매개변수는 함수의 인수형을 지정하기 위해, 함수의 반환 형을 지정하기 위해, 또 함수 안에서의 변수를 선언하기 위해 사용된다. class는 "모든 내장형 타입"을 위한 키워드 이며, typename은 "사용자 정의형 타입"을 위한 키워드이다.

그림 8.1에 printArray 함수 템플릿이 있다. 그림 8.2에서는 printArray 함수 템플릿을 사용한다.

```
template< class T >
viod pritnArray( const T *array, const int count )
{
   for ( int i = 0; i < count; i++ )
      cout << array[ i ] << " ";

   cout << endl;
}
```

그림 8.1 함수 템플릿

PrintArray 함수 템플릿은 인쇄될 배열의 타입을 지정하기 위해 타입 매개변수 T(T는 의미 있는 식별자라면 뭐든 상관없다.)를 선언하고 있다. T를 타입 매개변수라 한다. 컴파일러가 printArray 함수 호출을 만나면, printArray의 첫 번째 인수형이 템플릿 정의를 통해 T를 대체하고, C++이 지정된 자료형의 배열을 출력하는 완성된 템플릿 함수를 생성한다. 그리고 새롭게 생성된 함수가 컴파일된다. 그림 8.2에서 세 개의 printArray 함수가 생성되는 것을 볼 수 있다. 하나는 int 배열을 위한 것이고, 하나는 double 배열을 위한 것이고 하나는 char 배열을 위한 것이다. 예를 들어, int 형을 위한 생성은 다음과 같다.

```
void printArray( const int *array, const int count )
{
        for ( int i = 0; i < count; i++ )
                cout << array[ i ] << " ";
        cout << endl;
}
```

템플릿(이제부터는 함수 템플릿을 그저 템플릿이라고 칭한다.) 정의에 타입 매개변수(type parameter)는 반드시 한 번은 나타나야 한다.

그림 8.2는 printArray 템플릿을 사용한 예제이다. 크기가 5인 int 배열 a, 크기가 7인 double 배열 b, 그리고 크기가 6인 char 배열 c를 생성하는 것으로 시작한다. 그리고, 각각의 배열은 printArray를 호출해서 출력된다. 한 번은 int * 타입의 인수 a를 이용해서, 한 번은 double * 형의 인수 b를 이용해서, 그리고, 한 번은 char * 타입의 인수 c를 이용해서 호출된다. 예를 들어, 다음의 호출

```
printArray( a, aCount );
```

은 T를 int로 간주해서 printArray 템플릿의 타입 매개변수 T가 int로

처리되도록 한다. 다음의 호출

```
printArray( b, bCount );
```

은 T를 double로 간주해서 printArray 템플릿의 타입 매개변수 T가 double로 처리되도록 한다. 다음의 호출

```
printArray( c, cCount );
```

은 T를 char로 간주해서 printArray 템플릿의 타입 매개변수 T가 char로 처리되도록 한다.

```
// main.cpp
// 템플릿 함수의 사용
#include <iostream>
using std::cout;
using std::endl;
template< class T >
void printArray( const T *array, const int count )
{
   for (  int i = 0; i < count; i++ )
      cout << array[ i ] << " ";
   cout << endl;
}
int main()
{
   const int aCount = 5, bCount = 7, cCount = 6;
```

```
    int a [ aCount ] = { 1, 2, 3, 4, 5 };
    double b [ bCount ] = { 1.1, 2.2, 3.3, 4.4, 5.5, 6.6, 7.7 };
    char c[ cCount ] = "HELLO";  // 6번째 위치는 null 문자

    cout << "Array a contains:" << endl;
    printArray( a, aCount );  // integer 템플릿 함수

    cout << "Array b contains:" << endl;
    printArray( b, bCount );  // double 템플릿 함수

    cout << "Array c contains:" << endl;
    printArray( c, cCount );  // charcter 템플릿 함수

    return 0;
}
```

```
Array a contains:
1 2 3 4 5
Array b contains:
1.1, 2.2, 3.3, 4.4, 5.5, 6.6, 7.7
Array c contains:
H E L L O
```

그림 8.2 템플릿 함수의 사용

이 예에서 매개변수에 T가 없다면 다음과 같은 중첩된 함수 세 개를 작성하여야 한다.

```
void printArray( const int *, const int );
void printArray( const double *, const int );
void printArray( const char *, const int );
```

템플릿이 소프트웨어 재사용성의 이점이 있는 것은 분명하지만, 여러 개의 템플릿 함수와 템플릿 클래스의 복사본이 생성되므로 적잖은 메모리

를 소비할 수 있다.

템플릿 함수와 중첩은 긴밀하게 연관되어 있다. 연관된 함수들은 같은 이름을 가진 하나의 함수 템플릿으로부터 생성되므로, 컴파일러는 적합한 함수를 동작시키기 위해 중첩 처리 방법을 사용한다.

예를 들면, 그림 8.2의 printArray 템플릿은 배열이 인쇄될 부분을 명시할 수 있도록 매개변수 lowSubscript와 highSubscript를 추가해서 다른 printArray 함수 템플릿으로 중첩될 수 있다.

또한, 함수 템플릿은 이름은 같지만 인수가 다른 함수를 제공함으로써 중첩될 수 있다. 예를 들면, 그림 8.2의 printArray 템플릿은 문자열 배열을 깔끔한 모양의 표로 출력하는 템플릿이 아닌 버전으로 중첩될 수 있다.

8.3 클래스 템플릿

클래스 템플릿은 "일반 클래스(generic class)" 템플릿을 특정 템플릿 클래스로 전환하는 방법을 명시하기 위해 하나 이상의 매개변수를 필요로 하기 때문에 매개변수화된 타입(parameterized type)이라 불린다. 클래스 템플릿은 특정 타입에 대한 클래스 버전을 생성할 수 있게 함으로써 소프트웨어 재사용성을 높여준다. 그래서 단지 하나의 클래스 템플릿 정의를 작성해서 다양한 템플릿 클래스를 제공하고자 할 때 유리하게 사용된다.

예를 들면, Stack 클래스 템플릿 하나로 여러 타입의 Stack 클래스("double의 Stack", "int의 Stack", "char의 Stack", "Employee의 stack" 등)를 생성해 낼 수 있다. 그림 8.3의 Stack 템플릿(이제부터는 클래스 템플릿을 단순히 템플릿이라고 칭한다.)을 보자.

```
template< class T >
```

은 T라는 타입 매개변수를 사용해서 생성되어야 할 타입의 Stack 클래스를 나타낸다. 템플릿 선언이라고 밝히는 것을 제외하고는 일반적인 클래스의 선언과 유사하다. 꼭 T라는 식별자 외에 어떤 식별자라도 사용 가능하다.

```
// tstack.h
// Stack 클래스 템플릿(그냥 Stack 템플릿이라고 해도 됨)
#ifndef TSTACK_H
#define TSTACK_H

template< class T >
class Stack {
public:
   Stack( int = 10 );     // 디폴트 생성자 (stack 크기 10)
   ~Stack() { delete [] stackPtr; };  // 소멸자
   bool push( const T& );
   bool pop( T& );
private:
   int size;
   int top;
   T *stackPtr;            // stack에 대한 포인터

   bool isEmpty() const { return top == -1; }
```

```
    bool isFull() const { return top == size -1; }
};

// 디폴트 크기가 10인 생성자
template< class T >
Stack< T >::Stack( int s )
{
    size = s > 0 ? s : 10;
    top = -1;              // Stack이 초기에는 empty
    stackPtr = new T[ size ];
}

// Push
// 성공하면 true, 아니면 false 반환
template< class T>
bool Stack< T >::push( const T &pushValue )
{
    if ( !isFull() ) {
        stackPtr[ ++top ] = pushValue;
        return true;  // push 성공
    }
    return false;     // push 실패
}

// Pop
template< class T>
bool Stack< T >::pop( T &popValue )
{
    if ( !isEmpty() ) {
        popValue = stackPtr [ top-- ];
        return true;  // pop 성공
    }
    return false;     // push 실패
}
```

```
#endif
```

그림 8.3 Stack 클래스 템플릿—tstack.h

```
// main.cpp
// Stack 템플릿을 위한 테스트 드라이버
#include <iostream>

using std::cout;
using std::cin;
using std::endl;

#include "tstack.h"

int main()
{
   Stack< double > doubleStack( 5 );
   double f = 1.1;
   cout << "Pushing elements onto doubleStack₩n";

   while ( doubleStack.push( f ) ) { // 성공하면 true 반환
      cout << f << ' ';
      f += 1.1;
   }

   cout << " ₩nStack is full. Cannot push " << f
        << "₩n₩nPopping elements from doubleStack₩n";

   while ( doubleStack.pop( f ) )  // 성공하면 true 반환
      cout << f << ' ';

   cout << " ₩nStack is empty. Cannot pop₩n";

```

```
    Stack< int > intStack;
    int i = 1;
    cout << "₩nPushing elements onto intStack₩n";

    while ( intStack.push( i ) ) { // 성공하면 true 반환
       cout << i << ' ';
       ++i;
    }

    cout << "₩nStack is full. Cannot push " << i
         << "₩n₩nPopping elements from intStack₩n";

    while ( intStack.pop( i ) )   // 성공하면 true 반환
       cout << i << ' ';

    cout << "₩nStack is empty. Cannot pop ₩ n";
   return 0;
}
```

```
Pushing elements onto doubleStack
1.1 2.2 3.3 4.4 5.5
Stack is full. Cannot push 6.6

Popping elements from doubleStack
5.5 4.4 3.3 2.2 1.1
Stack is empty. Cannot pop

Pushing elements onto intStack
1 2 3 4 5 6 7 8 9 10
Stack is full. Cannot push 11

Popping elements from intStack
10 9 8 7 6 5 4 3 2 1
Stack is empty. Cannot pop
```

그림 8.3 Stack 클래스 템플릿—main.cpp

main은 크기가 5인 doubleStack을 생성하면서 시작된다. 컴파일러는 T형 매개변수를 double 타입과 관련지어 double 타입의 Stack 클래스를 위한 소스코드를 만든다. 프로그래머가 그 소스코드를 볼 수는 없지만, 이것이 소스코드 안에 포함되고 컴파일된다. 그후 1.1, 2.2, 3.3, 4.4와 5.5를 doubleStatck으로 푸시(push)한다. Push 루프는 여섯번째 값을 push하려고 할 때 종료된다. 최대 다섯 개의 요소를 갖도록 생성되었기 때문이다. 이제 스택에서 5개의 값을 pop한다. 여섯번째 값을 pop하려 할 때 스택이 비어있기 때문에 pop 루프는 종료된다.

```
stack< int > intStack;
```

에 의해 정수의 스택인 intStack을 생성되고 비슷하게 동작한다.

클래스 밖의 멤버 함수를 구현할 때는 23라인, 33라인, 43라인 처럼

```
template< class T >
```

와 같은 헤더를 함께 써줘야 한다. 그리고 T를 이용하여 Stack 요소의 타입을 포괄적으로 표시한다. 그 외에는 일반적인 함수의 정의와 비슷하다. 영역 해결 연산자(::)가 클래스 템플릿 이름 Stack< T >와 함께 사용된 것은 템플릿을 사용하지 않을 때와 같다.

8.4 표준 템플릿 라이브러리(STL)

C++ 표준은 많은 재사용 가능한 컴포넌트들의 표준 라이브러리를 포함하고 있다. 이 절에서는 표준 템플릿 라이브러리(Standard Template Library: STL) 즉, STL의 세 핵심 컴포넌트들(컨테이너, 이터레이터, 알고리즘 등)에 대해 소개한다

배열, 벡터, 리스트, 스택, 큐 등의 자료구조는 자료들의 컨테이너(container, 집합체)라고 하고, 객체지향의 세계에서 자료구조는 객체들을 수용하고 있는 집합체이다. 3장의 Array 클래스는 int의 객체들을 담고 있다. 8장 앞부분에서 Array 클래스를 Array〈T〉로 템플릿화시킬 수 있음을 알았다. 그로부터 Array〈int〉, Array 〈char〉, Array〈double〉 뿐아니라, Array〈Employee〉, Array〈SpaceCreature〉, Array〈InventoryItem〉 같은 비기본 클래스 객체들의 배열까지 Array 클래스의 무한한 종류를 인스턴스화할 수 있다.

이렇게 클래스 템플릿에 기반하여 나름 보편적인 자료구조들을 만든다고 했을 때, 다른 프로그래머들에 의해 개발된 다른 프로그램들과 쉽게 연동할 수 있을까? 아마도 아닐 것이다. 그래서 템플릿화시킨 클래스 객체 컨테이너들의 표준 라이브러리의 개발이 절실하다. STL을 쓰면 시간과 노력을 상당히 절약할 수 있으며, 결과적으로 보다 양질의 프로그램을 만들 수 있게 된다. 엄밀히 말해서 재사용에 상당히 유리하다. STL은 가장 대중적 자료구조들을 컨테이너로 가지고, 그 컨테이너들 속의 데이터를 처리하는 데 사용되는 다양한 알고리즘들을 제공하고 있다.

그림 8.4에 STL 컨테이너 유형들이 나타나있다. 컨테이너는 세 개의

큰 범주들로 나뉜다. 순서 컨테이너(sequence container), 연합 컨테이너(associative container) 및 컨테이너 어댑터(container adapter)이다.

표준라이브러리 컨테이너 클래스	설명
순서 컨테이너	
vector	후미에 신속 삽입 및 삭제 임의 요소들에 직접 액세스
deque	선두나 후미에 신속 삽입 및 삭제 임의 요소들에 직접 액세스
list	이중-연결 리스트, 어디에나 신속 삽입 및 삭제
연합 컨테이너	
set	신속 검색, 이중요소 불허
multiset	신속 검색, 이중요소 허용
map	1대1 매핑, 이중요소 불허, 신속 키-기반 검색
multimap	1대1 매핑, 이중요소 허용, 신속 키-기반 검색
컨테이너 어댑터	
stack	후입선출(last-in-first-out: LIFO)
queue	선입선출(first-in-first-out: FIFO)
priority_queue	가장 높은 우선순위 요소가 항상 가장 먼저 나옴

그림 8.4 표준 라이브러리 컨테이너 클래스들

STL은 컨테이너들이 유사한 기능을 제공하도록 설계되었다. 그림 8.5에 모든 컨테이너들에 공히 적용할 수 있는 함수들을 나타내었다.

모든 STL 컨테이너들의 공통 멤버 함수들	설 명
default constructor	디폴트 초기값을 제공하는 생성자. 통상 컨테이너를 다양한 방법으로 초기화하기 위해 각 컨테이너는 여러 개의 생성자들을 가지고 있다.

copy constructor	기존 컨테이너의 복사판을 만드는 생성자
destructor	컨테이너를 삭제하기 위한 소멸자
empty	컨테이너 속에 요소가 없으면 true를, 그렇지 않으면 false를 리턴
max_size	한 컨테이너의 요소들의 최대 개수를 리턴
size	컨테이너 속에 현존하는 요소들의 개수를 리턴
operator=	한 컨테이너를 다른 컨테이너에 대입
operator<	첫 컨테이너가 둘째 컨테이너보다 작으면 true를, 그렇지 않으면 false를 리턴
operator<=	첫 컨테이너가 둘째 컨테이너보다 작거나 같으면 true를, 그렇지 않으면 false를 리턴
operator>	첫 컨테이너가 둘째 컨테이너보다 크면 true를, 그렇지 않으면 false를 리턴
operator>=	첫 컨테이너가 둘째 컨테이너보다 크거나 같으면 true를, 그렇지 않으면 false를 리턴
operator==	첫 컨테이너가 둘째 컨테이너와 같으면 true를, 그렇지 않으면 false를 리턴
operator!=	첫 컨테이너가 둘째 컨테이너와 같지 않으면 true를, 그렇지 않으면 false를 리턴
swap	두 컨테이너 간에 요소들을 교환
begin	컨테이너의 첫 요소를 참조하는 iterator나 const_iterator를 리턴
end	컨테이너의 끝 요소 다음 위치를 참조하는 iterator나 const_iterator를 리턴
rbegin	컨테이너의 끝 요소를 참조하는 reverse_iterator나 const_reverse_iterator를 리턴
rend	컨테이너의 첫 요소의 바로 앞 위치를 참조하는 reverse_iterator나 const_reverse_iterator를 리턴
erase	컨테이너의 하나 이상의 요소를 삭제
clear	컨테이너의 모든 요소를 삭제

그림 8.5 STL 컨테이너들의 공통적 함수

그림 8.6은 각 STL 컨테이너들의 헤더파일들이다. 이 헤더파일들의

내용은 모두 namespace std 속에 있다. 그림 8.7은 컨테이너들의 공통 typedef들(타입명의 동의어 혹은 별명을 지음)을 보여주고 있다. 이 typedef들은 변수, 함수의 파라미터 및 함수의 리턴값들을 선언하는 데 사용된다. 예컨대, 각 컨테이너 속의 value_type은 컨테이너 속에 수용되는 값의 자료형을 나타내는 한 typedef이다.

표준 라이브러리 컨테이너 헤더파일들	
<vector>	
<list>	
<deque>	
<queue>	queue와 priority_queue 둘 다 포함
<stack>	
<map>	map과 multimap 둘 다 포함
<set>	set과 multiset 둘 다 포함
<bitset>	

그림 8.6 표준 라이브러리 컨테이너 헤더파일

typedef	설명
value_type	컨테이너 속 요소의 타입
reference	컨테이너 속 요소의 타입에의 참조
const_reference	컨테이너 속 요소의 타입에의 상수 참조. 이 같은 참조는 컨테이너 속 요소들을 읽거나 const 연산 수행을 위해서만 사용 가능
pointer	컨테이너 속 요소의 타입에의 포인터
iterator	컨테이너 속 요소의 타입을 포인트하는 이터레이터
const_iterator	컨테이너 속 요소의 타입을 포인트하는 상수 이터레이터. 요소들을 읽는 데만 사용 가능
reverse_iterator	컨테이너 속 요소의 타입을 포인트하는 역방 이터레이터. 컨테이너 전체를 역방향으로 반복하는 데 사용됨

const_reverse_iterator	컨테이너 속 요소의 타입을 포인트하는 상수 역방 이터레이터. 요소들을 읽는 데만 사용 가능. 컨테이너 전체를 역방향으로 반복하는 데 사용
difference_type	같은 컨테이너를 참조하는 두 이터레이터를 뺀 결과의 타입 (operator-는 list들과 연합 컨테이너들에 대해서는 정의 안 됨)
size_type	컨테이너 속의 항목들을 카운트하고 순서 컨테이너를 인덱싱하는 데 사용되는 타입(list를 인덱싱할 수는 없음)

그림 8.7 컨테이너들의 공통 typedef

8.5 컨테이너와 이터레이터

이터레이터(iterator)는 컨테이너의 요소들을 가리키는데 사용된다. 이터레이터는 각 컨테이너의 종류별로 적절하게 구현되어 있음에도 불구하고 이터레이터 연산들은 여러 컨테이너들에 똑같이 적용된다. 예를 들면, 역참조 연산자(*)는 포인터처럼 그것이 가리키는 요소를 사용할 수 있으며, ++ 연산은 배열에서 포인터를 증가시키면 다음번 요소를 가리키는 것처럼 컨테이너의 다음번 요소를 리턴한다.

컨테이너들은 멤버 함수 begin()과 end()를 갖추고 있다. begin()은 컨테이너의 첫 요소를 가리키는 이터레이터를 리턴한다. end()는 컨테이너의 끝 요소를 지난 첫 요소(존재하지 않는 요소)를 가리키는 이터레이터를 리턴한다. 이터레이터 i가 특정 요소를 가리키면, ++i는 그 다음 요소를 가리키며 *i는 i가 가리키는 요소를 참조한다. end()의 결과로 나오는 이터레이터는 i가 컨테이너의 끝에 도달하였는지 결정하기 위한 상등 혹은 부등 비교에서만 사용될 수 있다.

컨테이너에서 수정 가능한 요소를 참조하려면 iterator형의 객체를 사용해야 하고, 수정할 수 없는 컨테이너 요소를 참조하려면 const_iterator형의 객체를 사용해야 한다.

각 컨테이너에 의해 지원되는 이터레이터의 카테고리는 그 컨테이너가 STL 속의 특정 알고리즘과 함께 사용될 수 있는지 결정한다. 랜덤-액세스 이터레이터를 지원하는 컨테이너들은 STL 속의 모든 알고리즘들을 다 지원한다. 그림 8.8은 각 STL 컨테이너들이 지원하는 이터레이터의 카테고리를 보인다. vector, deque, list, set, multiset, map 및 multimap 들만 이터레이터를 가지고 순회할 수 있다.

컨테이너	설명
순서 컨테이너들	
vector	random access
deque	random access
list	bidirectional
연합 컨테이너들	
set	bidirectional
multiset	bidirectional
map	bidirectional
multimap	bidirectional
컨테이너 어댑터들	
stack	이터레이터가 지원 안 됨.
queue	이터레이터가 지원 안 됨.
priority_queue	이터레이터가 지원 안 됨.

그림 8.8 각 컨테이너들이 지원하는 이터레이터 타입들

그림 8.9는 STL 컨테이너들의 클래스 정의 속에서 발견되는 미리 정의된 이터레이터 typedef들을 보인다. 모든 typedef가 모든 컨테이너에 대해 정의되지는 않는다. 이터레이터의 const 버전들은 읽기 전용 컨테이너들을 위해 사용한다. reverse 이터레이터들은 컨테이너를 역방향으로 순회하는 데 쓴다.

그림 8.10은 각 이터레이터 타입 상에 수행될 수 있는 연산들이다. 각 이터레이터 타입을 위한 연산들은 그림에서 그 타입의 앞쪽에 있는 모든 연산들을 포함한다. 또 입력 이터레이터와 출력 이터레이터들에 대해서는 이터레이터를 저장하였다가 저장된 값을 나중에 사용할 수는 없음에 유의해야 한다.

이터레이터 타입들을 위해 미리 정의된 typedef	++의 방향	능력
iterator	순방향	읽기/쓰기
const_iterator	순방향	읽기
reverse_iterator	역방향	읽기/쓰기
const_reverse_iterator	역방향	읽기

그림 8.9 이터레이터 타입들을 위해 미리 정의된 typedef

이터레이터 연산	설명
모든 이터레이터들	
++p	이터레이터를 전증가
p++	이터레이터를 후증가
입력 이터레이터들	
*p	한 rvalue로 사용하기 위해 이터레이터를 역참조
p = p1	한 이터레이터를 다른 이터레이터에 대입
p == p1	이터레이터의 상등 비교
p != p1	이터레이터의 부등 비교

출력 이터레이터들	
*p	이터레이터의 역참조(lvalue로 사용하기 위해)
p = p1	한 이터레이터를 다른 이터레이터에 대입
순방향 이터레이터들	순방향 이터레이터는 입력 이터레이터와 출력 이터레이터 모두의 모든 기능을 가짐.
양방향 이터레이터들	
--p	이터레이터를 사전 감소(후진)
p--	이터레이터를 사후 감소(후진)
랜덤 액세스 이터레이터들	
p += i	이터레이터 p를 i 위치만큼 증가
p -= i	이터레이터 p를 i 위치만큼 감소
p + i	p로부터 i 자리만큼 전진한 곳에 위치한 이터레이터를 낳음.
p - i	p로부터 i 자리만큼 후진한 곳에 위치한 이터레이터를 낳음.
p[i]	p로부터 i 자리만큼 떨어진 요소에의 참조를 리턴.
p < p1	이터레이터 p가 이터레이터 p1보다 작을 때(즉, 컨테이너속에 이터레이터 p가 이터레이터 p1 앞에 있을 때) true를 리턴하고, 그렇지 않을 때는 false를 리턴.
p <= p1	이터레이터 p가 p1보다 작거나 같을 때(즉, 컨테이너 속에 이터레이터 p가 이터레이터 p1 앞에 있거나 혹은 같은 위치에 있을 때) true를 리턴하고, 그렇지 않을 때는 false를 리턴.
p > p1	이터레이터 p가 이터레이터 p1보다 클 때(즉, 이터레이터 p가 이터레이터 p1보다 뒤에 있을 때) true를 리턴하고, 그렇지 않을 때는 false를 리턴.
p >= p1	이터레이터 p가 이터레이터 p1보다 크거나 같을 때(즉, 이터레이터 p가 이터레이터 p1보다 뒤에 있거나 혹은 같은 위치에 있을 때) true를 리턴하고, 그렇지 않을 때는 false를 리턴.

그림 8.10 이터레이터의 각 타입에 대한 이터레이터 연산

STL의 큰 특징은 다양한 컨테이너들에 걸쳐 일반적으로 사용될 수 있는 알고리즘들을 제공하는 것이다. 삽입, 삭제, 검색, 정렬 등은 STL의 대부분의 컨테이너들에게 적용된다.

STL에는 약 70개의 표준 알고리즘을 포함하고 있다. 알고리즘들은 이터레이터들을 통해 간접적으로 컨테이너의 요소들에 작용한다. 대다수 알고리즘들은 이터레이터의 첫 요소와 마지막 요소의 시퀀스 상에에 있는 모든 요소에 작용한다. 이터레이터의 첫 요소는 begin()에 의해 발견되고, 마지막 요소는 end()에 의해 발견된다.

예컨대 find()는 주어진 한 요소에서부터 마지막 요소까지 목표물을 찾는다. 만약에 찾으면 그 해당 위치를 반환하고, 못 찾으면 end() 이터레이터를 리턴한다. find() 알고리즘은 아무 STL 컨테이너에도 사용될 수 있다.

그림 8.11은 다수의 변이-시퀀스 알고리즘(mutating-sequence algorithms)을 보여주고 있으며, 그림 8.12는 여러 비변이-시퀀스 알고리즘을 보여주고 있다. 변이-시퀀스 알고리즘이란 알고리즘이 적용되는 컨테이너를 수정하는 알고리즘을 말하며, 비변이-시퀀스 알고리즘이란 알고리즘이 적용되는 컨테이너를 수정하지 않는 알고리즘을 말한다.

그림 8.13은 헤더파일 <numeric>의 수치 알고리즘들을 보인다.

변이-시퀀스 알고리즘		
copy()	remove()	reverse_copy()
copy_backward()	remove_copy()	rotate()
fill()	remove_copy_if()	rotate_copy()
fill_n()	remove_if()	stable_partition()
generate()	replace()	swap()
generate_n()	replace_copy()	swap_ranges()
iter_swap()	replace_copy_if()	transform()
partition()	replace_if()	unique()

random_shuffle()	reverse()	unique_copy()

그림 8.11 변이-시퀀스 알고리즘

비변이-시퀀스 알고리즘		
adjacent_find()	find()	find_if()
count()	find_each()	mismatch()
count_if()	find_end()	search()
equal()	find_first_of()	search_n()

그림 8.12 비변이-시퀀스 알고리즘

헤더파일 〈numeric〉의 수치 알고리즘
accumulate() inner_product() partial_sum() adjacent_difference()

그림 8.13 헤더파일 〈numeric〉의 수치 알고리즘

8.6 사례연구1: 리스트 컨테이너

순서 컨테이너 중 하나인 list 컨테이너는 컨테이너 속의 임의 위치에의 삽입과 삭제가 가능하다. list는 각 노드의 바로 앞 노드에 대한 포인터와 바로 다음 노드에 대한 포인터를 갖는 이중 연결 리스트이다. 이렇게 해서 컨테이너를 순방향으로도 역방향으로도 순회할 수 있는 양방향 이터레이터를 지원한다. 입력, 출력, 순방향 혹은 양방향 이터레이터들을

요하는 어떤 알고리즘이라도 list 상에서 동작할 수 있다.

list 컨테이너는 그림 8.5의 멤버 함수들 외에도, splice, push_front, pop_front, remove, unique, merge, reverse 및 sort 함수를 갖는다. 그림 8.14는 list의 특징을 보여주는 예시이다. list를 사용하기 위해서는 헤더파일 <list>를 인클루드해야 한다.

```
// list.cpp
// list 컨테이너 테스트
#include <iostream>

using std::cout;
using std::endl;

#include <list>
#include <algorithm>

template < class T >
void printList( const std::list< T > &listRef );

int main()
{
  const int SIZE = 4;
  int a[ SIZE ] = { 2, 6, 4, 8 };
  std::list< int > values, otherValues;

  values.push_front( 1 );
  values.push_front( 2 );
  values.push_back( 4 );
  values.push_back( 3 );

  cout << "values contains: ";
  printList( values );
```

```
values.sort();
cout << "₩nvalues after sorting contains: ";
printList( values );

otherValues.insert( otherValues.begin(), a, a + SIZE );
cout << "₩notherValues contains: ";
printList( otherValues );
values.splice( values.end(), otherValues );
cout << "₩nAfter splice values contains: ";
printList( values );

values.sort();
cout << "₩nvalues contains: ";
printList( values );
otherValues.insert( otherValues.begin(), a, a + SIZE );
otherValues.sort();
cout << "₩notherValues contains: ";
printList( otherValues );
values.merge( otherValues );
cout << "₩nAfter merge:₩n   values contains: ";
printList( values );
cout << "₩n   otherValues contains: ";
printList( otherValues );

values.pop_front();
values.pop_back();  // 컨테이너의 시퀀스
cout << "₩nAfter pop_front and pop_back values contains:₩n";
printList( values );

values.unique();
cout << "₩nAfter unique values contains: ";
printList( values );

// 모든 컨테이너에서 swap가 가능
```

```
   values.swap( otherValues );
   cout << "₩nAfter swap:₩n   values contains: ";
   printList( values );
   cout << "₩n   otherValues contains: ";
   printList( otherValues );

   values.assign( otherValues.begin(), otherValues.end() );
   cout << "₩nAfter assign values contains: ";
   printList( values );

   values.merge( otherValues );
   cout << "₩nvalues contains: ";
   printList( values );
   values.remove( 4 );
   cout << "₩nAfter remove( 4 ) values contains: ";
   printList( values );
   cout << endl;
   return 0;
}

template < class T >
void printList( const std::list< T > &listRef )
{
   if ( listRef.empty() )
      cout << "List is empty";
   else {
      std::ostream_iterator< T > output( cout, " " );
      std::copy( listRef.begin(), listRef.end(), output );
   }
}
```

```
values contains: 2 1 4 3
values after sorting contains: 1 2 3 4
otherValues contains: 2 4 6 8
After splice values contains: 1 2 3 4 2 6 4 8
```

```
values contains: 1 2 2 3 4 4 6 8
otherValues contains: 2 4 6 8
After merge:
  values contains: 1 2 2 2 3 4 4 4 6 6 8 8
  otherValues contains: List is empty
After pop_front and pop_back values contains:
2 2 2 3 4 4 4 6 6 8
After unique values contains: 2 3 4 6 8
After swap:
  values contains: List is empty
  otherValues contains: 2 3 4 6 8
After assign values contains: 2 3 4 6 8
value contains: 2 2 3 3 4 4 6 6 8 8
After remove( 4 ) values contains: 2 2 3 3 6 6 8 8
```

그림 8.14 list 템플릿

라인 18

```
std::list< int > values, otherValues;
```

은 정수들을 저장할 수 있는 두 개의 list 객체를 생성한다. 라인 20과 21은 push_front를 써서 values의 선두에 정수들을 삽입한다. push_front는 클래스 list와 deque에서만 사용되는 함수다. 라인 22와 23은 push_back을 써서 values의 후미에 정수들을 삽입한다. push_back은 모든 순서 컨테이너들에 공통임을 기억하라.

라인 27의 values.sort();는 list 멤버 함수 sort를 써서 list 속의 요소들을 오름차순으로 정렬시킨다.

라인 34

```
values.splice( values.end(), otherValues );
```

는 list 함수 splice를 써서 otherValues의 요소들을 제거하여 그것들을 values 속에 삽입하되, 첫째 인수로 지정된 위치에 삽입한다. 이 함수는 인수를 4개까지 가질 수 있다. 인수가 3개일 경우에는 셋째 인수로 지정된 위치로부터, 둘째 인수로 지정된 컨테이너의 한 요소를 제거한다. 만약 인수가 4개일 경우에는 마지막 두 인수들을 제거할 범위를 지정해서, 둘째 인수인 컨테이너로부터 범위 지정된 만큼 제거하고, 제거한 것을 첫째 인수가 지정하는 위치에 넣는다.

otherValues 속에 더 많은 요소를 삽입한 후 values와 otherValues를 정렬한다. 라인 45

```
values.merge( otherValues );
```

는 values와 otherValues를 병합하는 것이다. 병합하기 전에 두 list 모두 오름차순으로 정렬되어 있어야 한다. 병합된 결과는 values 속에 역시 오름차순으로 저장되고, otherValues의 모든 요소들을 제거된다. 인수가 5개인 merge도 있다. merge(a, a+5,b,b+5, result.begin()); 이라면 리스트 a에서 5개 원소, 리스트 b에서 5개 원소를 취하여 병합한 후 result 의 시작 위치에 결과를 저장한다. 결과는 역시 오름차순으로 정렬된다.

라인 51은 list 함수 pop_front를 써서 list의 첫 요소를 제거시키고, 라인 52는 함수 pop_back을 써서 list의 끝 요소를 제거한다.

라인 56

```
values.unique();
```

는 list 함수 unique를 써서 list 속의 중복된 요소들을 제거한다. 모든 중복 값들이 제거됨을 보장받기 위해서는 이 연산이 수행되기 전에 list가 정렬되어 있어서 중복된 값들이 서로 인접해 있도록 해야 한다.

라인 61

```
values.swap( otherValues );
```

는 values의 내용과 otherValues의 내용을 맞교환 한다. swap은 모든 컨테이너에 다 있는 함수이다.

라인 67

```
values.assign( otherValues.begin(), otherValues.end() );
```

은 values의 내용을 otherValues 중 두 이터레이터 인수들로 지정한 범위의 요소들로 대체한다.

라인 74

```
values.remove( 4 );
```

는 values로부터 모든 4들을 삭제한다.

8.7 사례연구2: 세트 컨테이너

연합 컨테이너 중 하나인 set 컨테이너는 유일한(unique) 키들을 신속하게 저장하고 검색한다. set은 유일한 키들을 가져야 함을 제외하고는 multiset과 동일하다. 그러므로 set에 중복된 키를 삽입하면 중복된 키는 무시된다. 이것은 집합의 수학적 의미이므로 프로그래밍 오류로 취급하지는 않는다. set은 양방향 이터레이터를 지원하지만 랜덤-액세스 이터레이터는 지원하지 않는다. 그림 8.15는 double타입의 set을 예시한 것이다. set 컨테이너를 사용하려면 헤더파일 〈set〉을 인클루드시켜야 한다.

```
// set.cpp
// set 컨테이너 테스트
#include <iostream>

using std::cout;
using std::endl;

#include <set>
#include <algorithm>

int main()
{
  typedef std::set< double, std::less< double > > double_set;
  const int SIZE = 5;
  double a[ SIZE ] = { 2.1, 4.2, 9.5, 2.1, 3.7 };
  double_set doubleSet( a, a + SIZE );
  std::ostream_iterator< double > output( cout, " " );

  cout << "doubleSet contains: ";
  std::copy( doubleSet.begin(), doubleSet.end(), output );

  std::pair< double_set::const_iterator, bool > p;

  p = doubleSet.insert( 13.8 ); // set 안에 값이 없음
  cout << '₩n' << *( p.first )
```

```
26         << ( p.second ? " was" : " was not" ) << " inserted";
27     cout << "₩ndoubleSet contains: ";
28     std::copy( doubleSet.begin(), doubleSet.end(), output );
29
30     p = doubleSet.insert( 9.5 ); // set 안에 이미 값이 있음
31     cout << '₩n' << *( p.first )
32         << ( p.second ? " was" : " was not" ) << " inserted";
33     cout << "₩ndoubleSet contains: ";
34     std::copy( doubleSet.begin(), doubleSet.end(), output );
35
36     cout << endl;
37     return 0;
38 }
```

```
doubleSet contains: 2.1  3.7  4.2  9.5
13.8 was inserted
doubleSet contains: 2.1  3.7  4.2  9.5  13.8
9.5 was not inserted
doubleSet contains: 2.1  3.7  4.2  9.5  13.8
```

그림 8.15 set 템플릿

라인 13

```
typedef std::set< double, std::less< double > > double_set;
```

에서 우선 std::less〈double〉는 첫 번째 인자와 두 번째 인자를 비교해서 첫 번째 인자가 더 작으면 true를 반환하는 함수 객체(function objects)이다. std::set〈...〉는 내부에서 template〈typename Key, typename Pred=less〈key〉〉로 정의된다. Key는 set 컨테이너 원소의 형식이며, Pred는 set의 정렬 기준인 조건자이다. 기본 조건자는 less이다. 즉, double 형의 Key를 오름차순으로 순서화된 집합으로 만들겠다는

것이며, 이 자료형의 새 타입명(별명)을 만들기 위해 typedef를 사용한다.

라인 16

```
double_set doubleSet( a, a + SIZE );
```

은 새 타입 double_set을 써서 객체 doubleSet을 생성한다. 생성자를 호출할 때 초기값으로 a와 a+SIZE 범위의 요소들(즉, 배열 전체)를 취하여 그것들을 set 속에 삽입한다. 이때 a는 배열 a의 첫 번째 주소이다. 라인 20은 알고리즘 copy를 써서 set의 내용을 출력한다. 값 2.1은 두 개가 있으므로 doubleSet 속에는 단 한번만 들어간다. 컨테이너 set은 중복을 허용하지 않기 때문이다.

라인 22

```
std::pair< double_set::const_iterator, bool > p;
```

은 double_set용 const_iterator와 bool값으로 구성된 pair를 정의한다. pair에 대해 좀더 자세히 살펴보면 set〈int〉 s;이면 집합 s 속에 int만 저장된다는 것이고, set〈pair〈int, string〉〉 s; 이면 집합 s 속의 요소가 에 〈int, string〉이라는 뜻이다.

그러므로 라인 24에서

```
p = doubleSet.insert( 13.8 ); // set 안에 값이 없음
```

은 insert에 의해 13.8을 set 속에 삽입하고 한다. 리턴된 pair p는 set 속의 13.8을 가리키는 이터레이터 p.first와 bool 값인 p.second를 쌍으로 갖게 된다. p.first는 삽입된 값의 위치 이터레이터이며, p.second는 삽

입 성공 여부를 나타내는 bool 값이다. 13.8이 삽입될 때 성공적으로 삽입되면 p.second가 true로 되고, 13.8이 이미 set 속에 있어서 삽입이 안 되면 p.second가 false로 된다.

*(p.first)은 p.first가 삽입된 값의 위치를 나타내고, 그것이 가리키는 내용을 역참조하므로 13.8이 된다.